거리 민주주의

: 시위와 소통의 힘

Street Spirit: The power of Protests and Mischief

by Steve Crawshaw

Copyright ⓒ Steve Crawshaw 2017 by MICHAEL O'MARA BOOKS LIMITED

All rights reserved.

This Korean edition was published by SANZINI BOOK in 2017

by arrangement with MICHAEL O'MARA BOOKS LIMITED through

KCC(Korea Copyright Center Inc.), Seoul.

이 책은 (주)한국저작권센터(KCC)를 통한 저작권자와의 독점계약으로

산지니 도서출판 에서 출간되었습니다. 저작권법에 의해 한국 내에서

보호를 받는 저작물이므로 무단전재와 복제를 금합니다.

거리 민주주의: 시위와 조롱의 힘

초판 1쇄 발행 2018년 10월 15일

지은이 스티브 크로셔
옮긴이 문혜림
펴낸이 강수걸
편집장 권경옥
편집 정선재 윤은미 이은주
디자인 권문경 조은비
펴낸곳 산지니
등록 2005년 2월 7일 제333-3370000251002005000001호
주소 부산시 해운대구 수영강변대로 140 BCC 613호
전화 051-504-7070 | 팩스 051-507-7543
홈페이지 www.sanzinibook.com
전자우편 sanzini@sanzinibook.com
블로그 http://sanzinibook.tistory.com

ISBN 978-89-6545-549-3 03300

* 책값은 뒤표지에 있습니다.
* 이 도서의 국립중앙도서관 출판예정도서목록(CIP)은 서지정보유통지원시스템
홈페이지(http://seoji.nl.go.kr)와 국가자료공동목록시스템(http://www.nl.go.kr/
kolisnet)에서 이용하실 수 있습니다.(CIP제어번호: CIP2018031365)

산지니

거리 민주주의

: 시위와 조롱의 힘

스티브 크로셔 지음 · **문혜림** 옮김

산지니

일러두기

* 이 책의 각주는 모두 역자 주이다.
* 인명은 국내에서 이름이 알려져 관용적으로 많이 쓰일 경우 이를 따라 표기하였고, 그 외
이름들은 가급적 원어 발음에 가깝게 표기하였다. 역자의 부족으로 인명 표기에 오류가 있을
수 있으므로, 본문에 제시된 인명의 경우 원어를 병기하였다.

더 나은 세상을 만들기 위해 힘쓴 조 콕스Jo Cox를 추모하며.

'그녀는 우리가 작아도 거인이 될 수 있다는 것을 보여주었다.'

말랄라 유사프자이Malala Yousafzai

'나는 의견이 있는 것이지, 증상이 있는 것이 아닙니다.'

'당신의 의견이 곧 증상이오. 당신의 병은 이견을 갖는 것이오.'

톰 스토파드Tom Stoppard, *Every Good Boy Deserves Favour* 중에서

1989년 11월 체코슬로바키아 프라하.
'벨벳혁명'에 참석하기 위해 이동하는 시민들.
체코슬로바키아에서 일어난 대규모 시위(그리고 시위대가
쨍그렁 흔든 열쇠꾸러미)는 단 일주일 만에 40년의
일당독재 체제를 종식시켰다(본서 21쪽 참고).
사진촬영 : 저자 스티브 크로셔

차례

2009년 8월 중국 청두. 쓰촨 성
대지진에서 부실하고 부패한 건축법
때문에 사망한 수천 명의 사람들을
기록하려 한 예술가 아이 웨이웨이는
중국 정부를 격분시켰다. 당국 관계자들은
새벽 3시에 그를 찾아왔고, 무지막지한
구타를 가하였다(그는 결국 병원에
입원하였다). 엘리베이터 안에 갇혀 있는
동안 그는 이 사진을 찍었고, 세상과
공유하였다.

**후퇴retreat란 없다.
리트윗retweet하자.**

아이 웨이웨이

얼음과 불에 대하여

아이 웨이웨이Ai Weiwei

　전체주의 사회가 창의적인 시위와 직면하는 것은 얼음이 불과 만나는 것과 유사하다. 권위주의적 통치는 심각하고 익살이 없다. 그런 통치는 체제와 다른 생각이 분출되는 것을 막기 위해 엄격하게 사상을 통제한다. 그렇게 하지 않으면 전체주의 사회는 입지를 잃기 때문에 소통이나 협상의 여지를 두지 않는다. 우리는 종종 시위가 타당하지만, 창의력이 부족한 채 실행되는 것을 보게 된다. 오직 예술과 창의적 행위만이 독재정권의 억압적 권력을 해소할 수 있다. 예술과 창의적 행위는 효율적이고, 인간적이며, 지적이다.

　변화는 신념의 문제가 아니다. 그것은 진화만큼이나 불가피하다. 인간의 역사가 인상적인 것은 수 세기 동안 끊임없이 변화해왔기 때문이다. 더욱 놀라운 것은 그런 변화가 계속 일어나고 있고, 점점 빨라진다는 점이다. 변화는 우리의 예상을 벗어난다. 문제는 변화가 일어날지 아닐지 여부에 있는 것이 아니다. 변화는 언제 어디서나 일어날 수 있고, 지금도 일어나고 있다.

　『거리 민주주의: 시위와 조롱의 힘』은 우리 시대에 적절하고 많은 영향을 줄 수 있는 책이다. 이 책에는 변화의 가능성뿐만 아니라, 변화에 담긴 감정과 표현, 언어까지 담겨 있다. 우리가 어떤 사회에 살고 있는지에 관계없이, 저항과 시민불복종은 대중의 문제를 인식할 힘이 있는 개인들에게서 일어난다. 시위의 효과적 표현은 오직 창의적 표현뿐이다.

....

행동에 옮기는 것이 왜 공허한 것인지, 그리고 변화를 추구하는 사람들이 왜 엉뚱한 몽상가들인지에 대한 설명은 항상 쉽게 찾을 수 있다. 주 이집트 미국 대사는 2008년 12월에 워싱턴에 있는 자신의 동료들에게 다음과 같은 생각을 밝혔다. "비폭력 시위를 통해 2011년까지 호스니 무바라크Hosni Mubarak 대통령을 몰아낼 것이라고 믿는 이집트 사람들은 '매우 비현실적'이다."(이는 이후 비밀리에 위키리크스WikiLeaks 웹사이트에 공개되었다.)

2년 후, 지금은 역사적으로 중요해진 페이스북 포스트가 마가렛 스코비Margaret Scobey 대사의 위와 같은 경멸적 판단에 간접적으로 응수하는 역할을 했다. 2011년 1월 18일, 스코비 대사가 그간 무시해온 '4월 6일 청년운동6 April Youth Movement'의 지도자 중 한 명인 아스마 마흐푸즈Asmaa Mahfouz는 그녀의 아파트에 앉아 자신의 이집트 동료들에게 보낼 메시지를 작성하였다.

마흐푸즈는 4분 동안 멈추지 않고 격정적으로 말했다. "나는 이 비디오 영상을 통해 여러분에게 하나의 간단한 메시지를 전달코자 합니다", "우리는 1월 25일에 타흐리르 광장에 가고자 합니다… 우리는 거기서 우리의 권리를, 우리의 본질적 권리를 요구할 것입니다."

마흐푸즈는 무바라크 정권의 변혁이 가능하지 않다는 인식을 정면으로 반박하였다. 당시 26세인 그녀는 "소수의 사람들만이 그곳에 있을 것이기 때문에 누가 변혁을 얘기하든 그것은 무의미하다"라고 말하는 사람에게 "당신은 고작 그 이유뿐이다. 하지만 집

◀ 2011년 2월 11일 이집트 카이로의 타흐리르 광장. 18일간의 시위 끝에 마침내 다음과 같은 발표가 있었다. "이러한 어려운 상황 속에서… 호스니 무바라크 대통령은 대통령직을 사임하기로 결정했습니다."

에 앉아 뉴스나 페이스북을 통해 우리를 보는 것만으로도 당신은 망신을 당하게 될 것이다"라고 반박하였다.

이후 페이스북과 유튜브에서 마흐푸즈 비디오 영상은 빠르게 퍼져 나갔고, 이집트인들은 그 영상을 보고 가만히 집에 있지 않았다. 1월 25일부터 이후 며칠에 걸쳐 수백만 명의 사람들이 카이로 거리로 쏟아져 나왔다. 결국 30년간 독재를 이어온 무바라크 대통령은 시위가 일어난 지 18일 만에 사임하였다.

그 이후 수년간 들려온 이집트의 소식은 암울했다. 압델 파타 알시시Abdel Fattah al-Sisi 대통령 정권하에서도, 인간의 기본 권리를 주장하는 사람들은 또다시 생명과 자유의 위협에 직면하고 있다. 하지만 이집트 소설가 아다프 수에이프Ahdaf Soueif는 그녀가 이집트의 '18일 황금기'라 부르는 위와 같은 시기를 다시 기억하며, 그 이야기는 아직 끝나지 않았다고 주장한다.

혁명의 목적에서 빠질 수 없는 하나의 핵심, 확고한 핵심이 있다. 그것은 빵, 자유, 사회정의와 인간의 존엄성 같은 것이다. 비록 사람들이 옆길로 샐 수 있어도 그들은 자신이 가던 본연의 길과 본래 목적을 고수하기 위해 돌아올 것을… 알고 있다.

인권운동가 호삼 바가트Hossam Bahgat는 알시시 정권을 '악랄하면서 동시에 불안정하다'고 묘사한다. 요컨대, 그 결말은 아직 쓰이지 않은 것이다.

———

비폭력 시위가 강압적이고 사랑받지 못한 지도자를 물러나게 할 수 있다는 것을 스코비 대사가 믿지 못한 것은 특이한 일이 아니었다. 스스로를 '현실주의자'로 칭하면서 변화의 가능성을 받아들이길 거부하는 사람들은 역사 내내 존재해왔다. 하지만 그런 현실주의자들은 현존하는 현실에 도전하는 사람들에게 거듭 패배했다. 보다 나은 세상을 추구하는 사람들의 용기가 돌처럼 확고해 보이는 것에 꾸준히 저항해왔기 때문이다.

노벨상 수상자인 체스와프 미워시Czesław Miłosz 시인은 회의론자들이 때때로 틀리는 이유를 다음과 같이 밝혔다. "과거에 가능성을 두는 우리의 자연스러운 성향(회의주의-역자)은… 우리가 대개 부동의 질서에 저항하는 사람들의 행동을 간과한다는 것을 의미한다. (하지만-역자) 그런 행동이 처음에는 불가능해 보였던 것을 성취한다."

나는 1980년에 미워시가 태어난 폴란드에서 살았는데, 그때 처음으로 뒤집혀진 '부동의 질서'를 보게 되었다. 그해 8월 폴란드의 조선소에서 파업이 시작되었을 때, 그들의 경제적 요구는 자유노동조합(이후 자유노조-역자)의 창설까지 포함할 만큼 빠르게 확대되어갔다. 서구 평론가들은 그런 요구가 1945년 이후 소비에트 체제에서는 실현될 수 없다고 주장하였다.

런던에서는 『타임스The Times』가 폴란드 정부의 결정에 동의하였는데, 폴란드 당국은 폴란드 자유노조의 요구에 '분명히' 동의할 수 없다는 결론을 내렸다. 이는 분명 '러시아가 동의하지 않을 것이기' 때문이었다. 『타임스』는 '낭만적이고 변덕스러운 폴란드인의 전통'이 지금은 '명확하지 않고 불확실하다'는 관점으로 위안을 삼았다. 달리 말하면, 『타임스』는 폴란드 정부가 이미 제공하기로 한 정도를 폴란드인들이 요구할 때에만 그들이 합리적이라고 여긴 것이었다. 하지만 폴란드의 상황은 그와 같이 전개되지 않았다.

폭력적 탄압에 대한 두려움이 견고히 자리 잡고 있었다. 소련 공산당 서기장 레오니트 브레즈네프Leonid Brezhnev는 브레즈네프조약하에 있는 국가가 그 규칙을 어기면 침략하는 것으로 유명하였다. 그는 1968년에 체코슬로바키아로, 1979년에는 아프가니스탄으로 탱크를 보냈다. 평화적 변화의 조짐은 거의 존재하지 않았다.

그러나 예상과는 달리 공산당 당국은 수백만 폴란드인들의 지지를 받는 파업자들의 요구 앞에서 물러섰다. 라디오와 TV 프로그램들은 폴란드 당국의 이 굴복을 생중계하기 위해 중단되었다. 폴란드 전역에서는 시청자들이 파업을 이끈 레흐 바웬사Lech Wałęsa가 폴란드 부총리와 악수를 하고 나란히 앉은 모습을 즐거우면서도 놀랍게 지켜보았다. 정부는 파업인들의 21개 요구(이 요구에는 자유노조의 합법화와 언론 및 방송의 자유가 포함되어 있었다)에 합의하였다.

사실상 폴란드 자유노조는 합법화된 비공식적 야당이 되었는데(모든 사람이 그렇게 말하기를 꺼리지만), 당시에는 소비에트 블록 내에 존재한 하나의 묵인된 야당이 마치 다당제 선거를 가능케 하는 것으로 간주될 수 있었고, 이는 지금의 북한 상황과 유사하다고 할 수 있다. 1980년 8월 31일에 그단스크의 조선소에서 열린 조인식은 다가올 많은 변화의 길을 보여주는 놀라운 순간이었다.

그렇지만 그 분위기는 오래가지 못하였다. 자유노조의 승리 이후 16개월 만에 탱크들이 폴란드 거리로 쏟아져 나왔다. 1981년 12월에 계엄령이 선포되었다. 자유노조는 불법화되었고, 노조 간부들은 체포되었다. 이런 상황에서는 회의주의자들이 자유노조가 줄곧 옳았다고 주장할 수도 있었다.

하지만 그와 같은 체포와 죽음에도 불구하고, 상황은 다시 원점으로 돌아가지 않았다. 폴란드의 '비현실적인' 희망은 계속 유지되었다. 자유노조 간부 아담 미치니크Adam Michnik는 그가 1년 전 사면받았던 때에 목격한 것을 1985년 감옥에서 글로 적었다. 그의 경험은 '단지 나의 경험만이 아니라 나의 상상마저도 능가하는' 것이었다. 미치니크는 자신이 목격한 것을 두고 전체주의 사회의 '황량한 황혼'이라고 묘사하였다. 그는 조금도 의심치 않고, 대부분의 서구 정치인들이 그에게 순진한 몽상가라는 낙인을 찍을 것이라고 확신했다. "나는 군대의 총포가 두렵지 않다. 그들에게는 위대함이 없다. 거짓말과 무력만이 그들의 무기이다… 나는 우리가 승리할 것을 확신한다. 조만간, 내 생각에는 매우 빨리, 우리가 감옥에서 나가게 될 것이고, 어두운 지하에서 빠져나와 밝게 빛나는 자유의 광장에 이르게 될 것이다."

미치니크가 '조만간, 내 생각에는 매우 빨리'라고 판단한 것은 옳았다. 사장된 것 같았던 자유노조는 4년이 안 되어서 다시 합법화되었다. 자유노조 성원들은 1989년 6월에 국회의원 후보로 출마하였다.

벽과 가로등 기둥에 붙은 선거 포스터에는 배우 게리 쿠퍼Gary Cooper가 자유노조 배지를 가슴에 단 보안관 복장을 입고, (총 대신-역자) 투표용지를 든 모습이 담겼다. '결투의 시간High Noon'이라는 슬로건이 선언되었고, 그것은 곧 입증되었다.* 자유선거로 선출된 의회에서 의원직 100석 중 거의 99석을 자유노조가 차지했던 것이다. 결국, 공산주의자들은 권좌에서 물러날 수밖에 없었다.

* 게리 쿠퍼가 주연한 <결투의 시간High Noon>(1952)은
보안관 케인이 흉악범 밀러를 비롯한 악당들과 결투하여
평화로운 마을과 자신의 사랑하는 신부를 지킨다는 내용의
영화이다. 당시 자유노조는 투표를 통해 공산정권을
밀어내는 것을 영화 속 주인공 케인의 결투와 유비하여
선거 캐치프레이즈로 사용하였다.

대개 정치지도자들은 시민이 세상에 변화를 가져오는 중요한 역할을 한다는 점을 믿지 않으려 하는 것 같다.

나는 매우 역동적이던 1989년 여름부터 가을까지 동유럽을 여행하면서, 서구 정치인들과 공산정권 지도자들이 어떤 공통점을 갖는다는 사실에 주목했다. 그 공통점은 바로 양자 모두 본질은 항상 변할 수 있다는 것을 상상하지 못한다는 점이었다. 무엇보다 그들은 현실적인 변화가 자신과 같은 강력한 정치인들에게서 비롯된다고 생각하였는데, 이는 크렘린(구소련 정부-역자) 내부에서 가장 명확하게 드러났다.

베를린 장벽―하나의 대륙을 양분하고 있는 냉전의 추하고도 노골적인 상징―은 제거되지 않은 채 협상을 가로막는 방해물로 간주되고 있었다. 1987년, 레이건 대통령은 1985년에 공산당 서기장으로 선출된 개혁파 소련 지도자 미하일 고르바초프Mikhail Gorbachev에게 이 벽을 허물자고 요청한 바 있다. 하지만 이것은 인상적인 미사여구에 불과했을 뿐 변화를 위한 실질적 처방은 아니었다. 레이건과 고르바초프는 실제 베를린 장벽이 무너질 것을 예상하지 못하였다.

하지만 폴란드와 유사하게 동독에서도 불가능해 보이던 것을 필연적인 것으로 만드는 데에 대중의 용기가 기여하였다. 1989년 여름부터 가을까지, 수많은 동독 사람들이 새로운 헝가리 국경을 통해 빠져나왔다.* 이런 동독인들의 탈출은 동독 정부에 문제를 야기하였다. 그러나 동독이 받은 가장 큰 압박은 사실 이런 동독을 떠난 사람들로부터가 아니라, 이후 동독에 남은 사람들로부터

* 1949년 헝가리에 인민 공화국이 들어서면서 중립국인 오스트리아 사이에 국경 펜스가 쳐졌다. 하지만 공산주의의 쇠퇴와 함께 헝가리는 1989년 5월 2일에 이 국경 펜스를 철거하였다.

가해졌다.

그런 상황에서 전환점은 다가왔다. 나는 1989년 10월 9일 저녁에 라이프치히의 남부 도시에서 기이한 사건을, 아니 사건이라기보다는 기이한 일련의 일을 목격하였다. 그날과 같은 특이한 일은 한 번뿐이었고, 더는 일어나지 않았다.

그 일의 배경은 사실 위협적이었다. 동독 당국은 라이프치히에서 확산되는 매주 월요집회를 통제하여 그런 변화의 분위기가 문자 그대로 죽은 상태가 되기를 희망하였다. 그들은 경고의 형태로 당국의 통제 계획을 공포하였다. 지역 신문을 통해 동독 당국은 '반혁명적 행동'(그와 달리 평화적 시위로 알려진 행동)을 막겠다는 의지를 표명하였다. 이런 반혁명적 행동은 '우리 손에 무기가 있을 때'나 일어날 수 있는 것이었다. 이런 경고는 베이징 천안문 사태 이후 고작 4개월 만의 일이었으므로, 공개적으로는 칭찬을 받았다. 하지만 그 위협의 의미는 자명했다.

동독은 10월 9일 이전에 라이프치히를 폐쇄하였다. 동베를린에 있는 외국인 기자들은 도시를 여행하는 것이 금지되었다(우리 외국인 기자들은 고르바초프가 참석한 동독 건국 40주년 기념행사에 참석했었다). 비밀경찰인 슈타지가 이미 도착한 우리 기자들을 내쫓았다. 모든 것이 끝날 듯이 보였다. 총과 탄약이 군인들에게 지급되었다. 병원 병동은 (부상자를 대비해-역자) 깨끗하게 치워졌다. 나는 저녁 시위가 시작되기 전에, 무장한 군인들로 가득 찬 16대의 트럭이 길 한편에 홀로 세워져 있는 것을 보았다.

이천 명이 넘는 사람들이 월요집회에 앞서 평화를 기원하는 기도를 바치기 위해 성 니콜라스 교회에 모여들었다. 수만 명이 넘는 사람들이 성당 밖에 서 있었다. "우리는 인민이다!"라는 외침이 긴 고딕양식 창문을 통해 울려 퍼졌다.

그날 저녁 행진에 참여하는 모든 사람들은 자신이 목숨을 걸어야 한다는 것을 알고 있었다. 나는 시위 지도자 중 한 사람이 시위 행진에 참여하려는 자신의 딸을 막아서는 모습을 목격하였다. 무언의 논리가 작동하여 아빠인 자신은 죽는 것이 허용되지만, 딸은 그렇지 않다고 여긴 것이었다. 나는 총이 발사됐을 때 안전하게 숨을 수 있는, 집회 광장에서 조금 떨어진 작은 샛길을 확인하였다. 하지만 그런 것을 확인했다고 해서 나의 두려움은 줄어들지 않았다. 수많은 군중들은 '비폭력Keine Gewalt!'이라는 구호를 외치며 칼 마르크스 광장을 지나야 했는데, 이에 두려움을 느꼈다.

하지만 그날 행진에서는 아무 일도 일어나지 않았다. 총은 발포되지 않았고, 통상적인 것으로 여겨지던 구타나 체포 또한 가해지지 않았다. 점차 오늘 밤에는 공격이 없을 것이라는 확신이 굳어졌다. 믿기 힘들지만, 어떠한 종류의 폭력도 가해지지 않았다. 수많은 군중들은 아무 방해도 받지 않고 기차역을 지나, 비밀경찰 본부를 지나, 다시 칼 마르크스 광장으로 돌아오는 행진을 하였다. 사람들은 어리둥절한 기쁨을 점차 절감하기 시작했다. 사람들은 서로 미소 짓고, 깔깔 웃고, 군인들에게 꽃을 주기도 하였다. 이 날 시위는 동독 국가의 제지를 받지 않은 채 저녁 8시 정도에 끝이 났다.

동독 당국은 치명적인 위협을 통해 사람들을 집에 머물게 할 수 있을 것이라고 예상했었다. 하지만 실제로는, 그 어느 때보다 많은 사람들이 그날 저녁에 거리로 나왔다. 동독 정권이 물러날 것을 알게 된 순간에 한 여성은 나에게 "나는 기분이 날아갈 것 같았어요. 그날(10월 9일-역자)은 내가 여태까지 경험한 가장 최고의 날이었습니다"라고 말하였다.

그날의 일은 '라이프치히의 기적'으로 알려지게 되었다. 비밀경찰은 내가 이런 역사적인 일을 목격해 보도했다는 사실을 알게 되자마자 나를 심문하고 도시에서 내쫓았다. 하지만 이는 내가 그곳에 있었다는 사실에서 느끼는 영광스러움을 전혀 감소시키지 못했다.

10월 9일부터 쭉 동독의 변화는 급속하게 진행되었는데, 1978~1979년에 벌어진 이란혁명을 묘사한 폴란드 작가 리샤르드 카푸시친스키Ryszard Kapuściński는 이를 두고 '벼랑을 향하는 구불구불한 길의 종국 지점'이라고 불렀다. 라이프치히의 기적 이후 몇 주 동안 나는 『인디펜던트Independent』 신문 기사를 통해 동독 정부가 더욱 양보해야 한다는 압박을 얼마나 많이 받고 있는지에 대해 썼다. 나는 라이프치히의 기적을 만든 용기와, 그 후 벌어진 모든 일들을 심도 있게 다룬다면 알 수 있는 명확한 결론 같은 것을 도출했다. 나는 '장벽의 제거는 단지 하나의 가능성이 아니다. 그것은 얼마 남지 않은 논리적 선택들 중 하나다'라고 결론 내렸다. 베를린 장벽은 위 기사가 나간 다음 날이자, '라이프치히의 기적'이 있은 지 한 달 뒤인 11월 9일에 결국 무너졌다.

하지만 지난 몇 주, 몇 달 동안 일어났던 수많은 일들에도 불구하고, 베를린 장벽의 붕괴는 정치인들을 매우 놀라게 하였다. 그들은 시민들이 스스로 그렇게 많은 것을 성취할 수 있다는 점을 간과했기 때문에 더욱 놀랐다. 개인들의 용기를 중시하지 않는 그런 태도는 오늘날에도 남아 있다.

———

'도전은 우리 모두에게 달려 있다. 그리고 개인들이 어떤 것도 바꿀 능력이 없다고 말하는 것은 단지 핑계거리를 찾는 일일 뿐이다.'

바츨라프 하벨Václav Havel

이런 라이프치히에 작용한 힘—확고한 부동의 대상에 저항하는, 멈추지 않는 조용한 힘—은 이후 체코 대통령이 된 반체제 극작가 바츨라프 하벨의 이론을 현실화시켰다.

하벨은 1978년에—어두운 터널 끝에서 빛조차 비치지 않았던 냉전 중에—쓴 『힘없는 자들의 힘Power of the Powerless』에서 '진실하게 살기'를 택하는 것에 관해 말하였다. 그는 어떤 것도 변하지 않을 것 같은 상황에서 변화의 가능성을 사유했다. 하벨은 '양파와 당근과 함께' 배달된 선전 문구를 창문에 붙이지 않는 행동으로 정부 당국에 저항한 가상의 청과물 상인 이야기를 들려준다.

> 어느 날 우리의 청과물 상인이 더 이상 참지 못하고, 단지 환심을 사려고 구호를 내걸던 행동을 멈췄다고 상상해보자… 청과물 상인은 이런 저항을 하면서 거짓말을 하지 않는다. 그는 의례를 거부하고 게임의 규칙을 벗어난다… 그의 저항은 진실하게 살기 위한 시도다…
> 그는 황제가 벌거숭이라고 말하였다. 그런데 황제가 실제로 벌거벗고 있었기 때문에 아주 위험한 일이 일어났다. 하지만 청과물 상인은 이런 그의 행동을 통해 세상에 말을 걸게 되었다. 그는 모든 사람들이 장막 뒤를 유심히 보게 만들었고, 진실하게 살 수 있다는 것을 그들에게 보여주었다.

청과물 상인의 이런 작은 저항은 그를 곤경에 빠뜨렸고, 그 후 어떤 변화의 조짐도 나타나지 않았다. 하지만 작가 하벨은 "만약 나라 전체가 청과물 상인과 함께 당국에 저항한다면 어떻게 되겠는가?" 하고 물었다. 변화의 가능성에 대한 하벨의 믿음은 그를 웃음거리로 만들었다. 그 후, 하벨이 이에 관한 글을 썼을 때 그는 풍차를 향해 돌진하는 체코의 돈키호테 같다는 평가를 받았다. 하지만 그로부터 11년 뒤, 체코와 그 밖의 지역에서 하벨이 옳다는 것이 입증되었다.

베를린 장벽이 무너지기 10일 전에 나는 프라하에서 하벨을 만났다. 그는 체코가 '폭발하기 직전의 압력솥' 같다고 말하였다. 불과 3주 뒤, 그 압력솥은 '벨벳혁명'으로 폭발하였다. 그보다 6주 전에 라이프치히에서는 국가에서의 기본적 자유를 요구하는 평화시위자들을 향해 공적 탄압이 가해졌는데, 이는 수많은 사람들이 거리로 쏟아져 나오게 만들었다. 나중에 한 남성은 자신이 처음 저항하기로 결정했을 때의 기분을 다음과 같이 밝혔다. "나는 땅바닥에 쓰러져 경찰에게 두들겨 맞았을 때, 비로소 자유를 느꼈습니다."

전통적으로 체코 동화에서는 "종이 울리면 이야기가 끝난다." 매일 오후 수십만의 사람들이 프라하 바츨라프 광장에 모여 작은 종과 열쇠꾸러미를 흔들면서 국가 지도자들이 당장 물러나야 한다는 메시지를 전달하였다. 시위가 일어난 지 일주일 후인 1989년 11월 24일, 정부 당국은 일제히 사퇴하였다. 조용한 프라하는 흥분에 휩싸였다. 혁명이 일어나고 한 달 뒤에는, 혁명 전 탄압을 받았던 하벨이 의회에서 대통령으로 선출되었다.

———

'모르도르로 가는 여정에 있는 호빗들처럼… 그 평범한 사람들은 "내가 절대반지를 파괴할 것이다"라고 말하였다.'

『독재자를 무너뜨리는 법(한국어판 제목)Blueprint for Revolution』의 작가이자 세르비아 사회운동가, 스르자 포포비치Srdja Popović

저항의 한 요소인 익살은 어두운 환경 속에서조차 많은 문을 열 수 있게 도와준다.

슬로보단 밀로셰비치Slobodan Milošević 대통령은 1990년대 내내 세르비아를 독재했다. 그를 몰아내는 것은 불가능해 보였고, 세르비아의 야당지도자들은 그들이 밀로셰비치와 충돌하는 만큼 상호 분열되어 있었다.

그런 상황에서 청년운동단체 '오트포르('저항'이라는 의미-역자)'가 변화를 이끌어내는 데 기여하였다. 창조성이 그들의 비폭력 무기고에서 가장 핵심적인 무기였다. 한 번은 오트포르가 밀로셰비치의 사진을 통에 붙여놓고 기발한 이벤트를 연 적이 있는데, 수도 베오그라드의 주요 쇼핑 거리를 지나는 행인들이 단돈 1디나르를 지불하면 사진 속 밀로셰비치의 얼굴을 야구방망이로 힘껏 때릴 수 있는 행사였다. 처음에는 다소 긴장된 분위기 속에서 행사가 시작되었지만, 이내 사람들은 매우 열광하였다. 정부 당국은 이에 어떻게 대응해야 할지 알지 못했다. 그 이벤트의 주최자는 보이지 않았고(그들은 근처 카페에서 지켜보고만 있었다), 통을 가격하는 행위를 명확한 범죄로 볼 수 없었던 것이다. 경찰은 체포의 대상을 찾을 수 없었기 때문에, 결국 통을 몰수하는 것으로 (그리고 그 사진을 찍는 것으로) 대응을 마무리했다. 정부 당국은 무능해 보였고, 밀로셰비치는 더 이상 불사신으로 보이지 않았다.

오트포르의 이런 지원은 밀로셰비치에 대항했던 사람들이 2000년을 기점으로 단단히 결속하게 만들었고, 분열되어 있던 야당정치인들이 단일 후보(보이슬라브 코스투니차-역자)로 의견을 모아 함께 지지할 수 있게 만들었다. 그해 밀로셰비치가 거짓으로 자신의 선거 당선을 공표하자, 수많은 사람이 거리로 쏟아져 나와 그의 퇴진을 요구했다.

나는 수년간 유심히 지켜본 이런 극적인 사건의 피날레를 놓치고 싶지 않았다. 그래서 세르비아의 이웃 국가인 몬테네그로의 한 술집에서 비자를 구매해 야간열차를 타고 세르비아로 재빨리 이동했다.(세르비아 당국은 자국에서 일어나는 일이 세계에 알려지는 것을 꺼려 모든 기자들의 입국을 거부하였고, 이미 그곳에 파견되이 있던 기자들도 내쫓았다. 이런 상황에서 나는 몬테네그로를 경유해 이동할 수밖에 없었다. 불확실한 출처의 비자를 구매하는 것은 권장되지 않을뿐더러 반복될 수도 없다. 하지만 낭시 상황에서는 그럴 수밖에 없었다.)

이런 과정을 통해 나는 역사적 장소에 서 있을 수 있었다. 마치 셰익스피어의 『맥베스』에 나오는 '버넘의 숲이 움직이는' 그런 장관 속에 서 있는 것 같았다. 2000년 10월 5일, 전국 각지에서 수많은 사람들이 세르비아의 맥베스는 물러나야 한다고 요구하기 위해 몰려들었다. 베오그라드 주변 도로는 만원버스와 승용차로 인해 정체되었는데, 베오그라드로 향하는 사람들은 다가올 승리를 생각하며 크게 웃고 경적을 울렸다.

그날 불도저를 타고 베오그라드까지 이동해 혐오스러운 국영방송 건물 입구까지 돌진한 운전자도 화제가 되었다(이는 후에 '불도저혁명'으로 알려졌다). 경찰이 그들의 제복을 벗고 시위대에 합류하자, 밀로셰비치 정권은 결국 시위 당일 항복할 수밖에 없었다. 이전에 그를 지지했던 한 신문은 다음 날 '민중의 의지가 물리쳤다'라는 헤드라인을 내보냈다.

밀로셰비치는 결국 국민에게 그가 선거에서 진 것을 '당시 알고 있었다'고 고백하였다. 8개월 후 그는 헤이그에 설치된 구 유고슬라비아 국제형사재판소로 이송되었고, 2006년 감옥 안에서 숨을 거두었다.

밀로셰비치에 저항하는 시위는 다양한 이유 때문에 승리할 수 있었다. 시위대는 용감했고, 창의적이었으며, 익살스러웠다. 그들의 익살은 그들 자신에게 자신감을 주었다.

어느 날 저녁 베오그라드의 한 주방에서 생각해낸 '그는 끝났다Gotov je'라는 구호가 오트포르의 가장 유명한 슬로건이 되었는데, 모든 것은 이 슬로건으로부터 시작되었다.

———

'사람을 타락시키는 것은 권력이 아니라 두려움이다. 권력을 상실할지 모른다는 두려움은 권력을 행사하는 사람을 타락시키고, 권력의 응징에 대한 두려움은 권력에 복종하는 사람을 타락시킨다.'
아웅 산 수 지Aung San Suu Kyi

겉으로 보이던 이미지가 무너져버리는 일은 대개 의외의 장소에서 일어난다. 정복 불가능해 보이던 정권이 생각보다 강하지 않았다는 것을 보여준 또 다른 국가는 바로 미얀마(혹은 버마)였다.

1998년, 나는 미얀마의 야당지도자 아웅 산 수 지를 만나 인터뷰를 하였다. 당시 그녀는 가택연금이 되지 않았던 때였다. 그로부터 얼마 지나지 않아, 사진가인 탐 필스톤Tom Pilston과 나는 버마 사람들이 '철의 난초The Lady'라고 부르던 여성을 만났다는 죄목으로 구류되어 심문을 받았다. 하지만 아웅 산 수 지가 우리에게 말한 "지금과 같은 상황은 오래 지속되지 않을 겁니다. 변화가 있을 겁니다"라는 예측은 적중했다. 우리를 체포한 경찰관 중 한 명은 왜 우리가 그녀를 만나면 안 되는지 설명해주었다. 그 이유는 단순했는데, 그는 "아웅 산 수 지가 그릇된 견해를 갖고 있기 때문"이라고 말했다.

하지만 늘 상황은 보이는 것처럼 단순하지가 않다. 버마에서의 이 일은 이상하게 꼬여서 탐과 나는 그 나라에서 추방되었고, 우리의 이름은 이후 14년 동안이나 지속적으로 블랙리스트에 올랐다. (물론-역자) 모든 사람들이 다 같은 생각을 한 것은 아니다. 우리를 추방시키는 업무를 담당한 경찰관들 중 한 명은 우리를 추방시키면서 "하는 일이 잘 되길 바랍니다"라고 말하고는 등을 두드리며 독려해주었다.

(앞서 다룬 국가들과-역자) 동일한 패턴이 거듭해서 나타났다. 반 세기 동안 미얀마를 지배한 군사정권은 마침내 변화를 원하는 대중의 열망 앞에서 무너졌다. 2007년 거대한 시위가 일어났고, 2010년에 아웅 산 수 지는 석방되었다. 2015년에 그녀가 이끄는 당은 의회에서 다수당이 되었고, 2016년에는 마침내 '그릇된 견해'를 가진 여성이 미얀마를 이끄는 '실질적' 지도자가 되었다.

———

비폭력 시위에 관심을 둔 사람이라면 누구나 다음과 같은 주장, 즉 비폭력 시위는 정부가 이미 힘을 잃어서 시위자들이 그저 열린 문을 밀기만 하면 되는 그런 '쉬운' 상황에서만 승리한다는 주장에 문제를 제기해야 한다. 지난 몇 년간 그런 주장의 입지는 점점 좁아져왔다.

수십 년 동안, 진 샤프Gene Sharp는 비폭력 시위가 지닌 힘에 관해 글을 써왔다(현재 80대인 그는 보스턴 동부에 거주하며, 계속 이런 작업을 이어가고 있다). 그의 메시지는 당시 오랜 세월 동안 무시되어왔다. 비폭력과 비폭력이 미치는 영향에 대한 논의는 별로 관심을 받지 못했다. 하지만 최근 몇 년간 샤프는 세계적인 관심을 받기 시작했다. 그는 '비폭력 전쟁의 클라우제비츠Clausewitz*'로

---

* 클라우제비츠는 프로이센의 군인이자 군사학자로, 프로이센 육군을 건설하는 데 기여했다. 그의 저서 『전쟁론』은 전술 연구의 고전으로 인정받고 있다.

불리면서 노벨 평화상 후보에 올랐고, 2011년에는 그의 업적을 다룬 다큐멘터리(수상작품)가 개봉하였다. 시기적절하게도, 같은 때에 뉴욕에서 월가 점령시위가 일어났다.

널리 알려진 샤프의 저서 중 하나는 『독재에서 민주주의로From Dictatorship to Democracy』라는 책인데, 비폭력 지지자들의 안내서로 기능하는 이 책은 수많은 언어로 번역되어 세계 각지에 출간되었다(30여 개가 넘는 언어로 번역되었다-역자). 이 책에서 샤프는 원숭이들이 모은 과일을 자신에게 주도록 요구하면서 이에 불복종하는 원숭이를 채찍질하는 '원숭이 주인' 이야기(중국 우화)를 인용한다. 원숭이들은 '심하게 고통스러웠지만', 감히 주인에게 불평하지 않았다. 어느 날, 원숭이들은 반란을 일으켰고, '늙은 주인이 저장해두었던 과일을 꺼내 숲으로 가져간 후 다시는 돌아오지 않았다.' 이 우화는 "세상의 몇몇 사람들은 대중을 올바른 원칙이 아니라 속임수로 다스린다… (하지만-역자) 그들의 속임수는 대중이 계몽되자마자 그 힘을 잃게 된다"는 교훈을 담고 있다.

실제로 보면 대중이 '계몽된 때'조차 독재자는 이야기 속 원숭이 주인보다 훨씬 악랄한데, 우리는 최근 몇 년 동안 이를 반복적으로 보아왔다. 현실의 원숭이 주인은 권력을 유지하기 위해 필사적으로 속임수를 쓴다. 시리아에서는 창의적인 비폭력 저항이 오래전부터 국가의 끝없는 유혈사태―쓰레기통에 버려진 수많은 금지곡들, 분수대에 가득 찬 핏물, 거리에 나뒹구는 반체제 슬로건이 적힌 탁구공들 등―에 잠식되는 듯이 보였다. 세상이 그들을 외면한 것처럼, 수십만 명이 죽고 수백만 명이 피난을 가야만 했다.

하지만 규제받지 않는 폭력은 결코 일부 지배자와 피지배자가 믿는 것처럼 비장의 카드가 될 수 없다. 2011년에 두 명의 정치학자 에리카 체노웨스Erica Chenoweth와 마리아 스테판Maria Stephan은 비폭력 저항에 관한 연구서를 출간하였다. 체노웨스는 회의적 시각에서 연구를 시작하였다. 그녀는 비폭력 행위의 효능을 주장하는 사람들이 "선의를 가졌지만 위태로울 정도로 순진하다"고 생각했다. 체노웨스의 이런 기존 관점에서는 "비극적이긴 하지만, 사람들이 변화를 불러오기 위해서는 폭력을 사용하는 것이 논리적으로 옳았다." 그녀는 비폭력투쟁국제센터ICNC가 개최한 한 워크숍에서, 비폭력 저항으로 변화를 이룬 성공 사례는 "아마 이례적일 것이다"라고 말하였다.

하지만 체노웨스는 그녀가 추정했던 내용을 실제 분석해야 한다는 문제제기를 받았다. 곧 체노웨스의 연구 동료가 된 마리아 스테판은 "당신은 비폭력 저항의 사례를 실증적으로 연구해야 하는 것 아닙니까?"라고 요구하였다. 그래서 이 두 사람은 바로 실증연구에 들어갔다. 체노웨스와 스테판은 지난 백 년간 일어난 시위를 추적하여 폭력 시위와 비폭력 시위가 변화에 미친 영향을 분석하였다. 분석 후에 체노웨스는 "그 분석 자료가 나를 날려버렸다"고 말하였다. 데이터를 비교 분석해본 결과, 두 저자는 비폭력 캠페인이 폭력적 저항보다 성공 확률이 2배 더 높다는 사실을 발견했다. 남아프리카 해방운동의 주역인 데스몬드 투투Desmond Tutu 대주교의 말을 일부 인용해보면, "독재자가 두려워해야 할 가장 위험한 것이 무기라고 말하는 것을 볼 수 있다. 하지만 사실 그렇지 않다. 독재자는 사람들이 자유롭게 되고자 할 때를 가장 두려워해야 한다. 일단 사람들이 그렇게 하기로 마음먹으면, 그들을 멈출 수 있는 것은 아무것도 없다."

체노웨스와 스테판은 다음과 같은 결론을 내렸다.

지난 50년간 시민저항은 점점 더 빈번히 일어나고 그 효과가 증가하고 있는 반면, 폭력적 저항은 점점 더 드물게 일어나고 있고, 성공하지 못하고 있다. 이는 우리가 비폭력 저항이 실패할 것이라고 예상하는 극도로 억압적이고 권위적인 상황에서조차 진실이다.

폭력을 통해 변화한 곳은 이후 안정성과 민주주의를 이룰 가능성이 극적으로 감소한다는 것이 그들의 연구 결과에 담겨 있다. 이는 놀라운 것이 아니지만, 지나치게 간과되어왔다.

———

나는 이 책에 실린 이야기들을 통해 관습적인 통념을 거부하면서 새로운 변화의 길을 만들고 닦은 사람들에게 경의를 표하고자 한다. 이 책에는 놀래주기와 익살—세르비아의 활동가 스르자 포포비치의 용어로는 '웃음행동주의(laughtivism, laugh + activism)—에 관한 이야기, 순전히 모인 사람의 수로 변화를 이끌어낸 이야기, 피벗이 한 개인의 용기와 품위를 입증해준 이야기, 예술인들(연극인, 음악인, 시각예술인)이 현재 상황에 맞선 이야기 등이 실려 있다. 그리고 작은 행동이 세계적 반향을 일으키고, 다수의 사람들이 하나의 목적을 위해 모이게 하며, 세상을 새로운 방식으로 욕하게 만든 변화무쌍한 소셜 미디어 세계에 관한 이야기도 실려 있다.

언제나 그렇듯이 비관론에는 여러 가지 이유가 따른다. 하지만 경험은 우리에게 "새로운 세상을 만들어주는 창조성과 용기, 그리고 비폭력의 힘을 평가절하해서는 안 된다"는 가르침을 준다.

'브라질에 있는 나비의 날갯짓이 미국 텍사스 주에
토네이도를 발생시킬 수 있는가'

기상학자, 에드워드 로렌즈Edward Lorenz

시위가 아닌 거닐기

'영웅이란 할 수 있는 일을 하는 사람이다.'

로맹 롤랑Romain Rolland

◀ 2010년 7월 15일 벨라루스 민스크. 벨라루스에서는 600년 전 전투를 기념하기 위해 기념식을 가장한 베개싸움 축제가 개최되었는데, 당국은 이를 국가 안보에 대한 위협으로 간주하였다. 이날 50명의 참가자가 연행되었다.

체포되거나 구타, 고문당할 것을 미리 알고도 대중 시위를 조직하는 것은 어려운 일이다. 하지만 시위자들은 수년간 시위로 보이지 않을 수 있는 방법까지 포함해 다양한 저항 방법을 모색해왔다. 예를 들어, "내가 시위자라고요? 당신이 오해한 겁니다!"라고 말하는 법은 사복 경찰이 쓰는 말과 흡사하다(사복 경찰은 "내가 경찰이라고요? 당신이 오해한 겁니다!"라고 말할 것이다-역자).

정부는 그들이 반정부 시위를 상대하고 있다는 것을 명확히 알 수 있다. 따라서 지지율이 낮은 정부에 대한 노골적인 찬사는 오히려 반어적인 것으로 간주될 수 있다. 하지만 경찰과 보안군이 실제 시위에 참여하고 있는 사람들과 단순히 밖에 나와 있던 사람들을 어떻게 구분할 수 있겠는가? 시위는 샌드위치 먹기나 박수치기, 또는 그저 가만히 서 있기처럼 간단한 것일 수 있다. 때로는 단순한 것이 더 많은 힘을 가질 수 있다.

금지된 박수

독재자들은 박수갈채를 갈망하고 요구한다. 스탈린의 연설을 다룬 관영신문 기사들을 보면, '우레와 같은 박수갈채가 쏟아졌다'에서부터 '우레와 같은 박수가 장시간 계속되었다'와 같은 장황한 묘사들이 사용되는데, 맹목이나 두려움 또는 이 두 가지 모두가 작용하여 '우레와 같은 박수가 장시간 쏟아질 때' 독재자는 최상의 기분을 맛보게 된다. 사담 후세인 시대의 이라크나 현재의 북한과 같이, 스탈린 시대의 러시아는 충분히 열광적으로 박수를 치지 않으면 중범죄자로 처벌받을 수 있었다.

옛 벨라루스 소비에트 공화국에서는 그 원칙이 반대로 적용되었다. 도리어 시위자들이 대통령에게 박수를 쳤고, 정부 당국은 그런 행동을 하는 사람들을 가뒀다. 정부의 그런 논리는 설득력 있는 것이었다. 왜냐하면 '유럽의 마지막 독재자'로 칭해지는 알렉산드르 루카셴코Alexander Lukashenko는 박수를 받을 만한 타당한 이유가 거의 없었기 때문이다. 2011년에 몇 달간 매주 일어난 루카셴코를 향한 열광적인 박수갈채는 분명 그를 조롱하는 것이었다.

이런 정부에 대한 불충한 충성심disloyal loyalty이 발생하는 것을 막기 위해 정부 당국은 박수치는 행위를 전면 금지하였는데, 계속 박수를 치는 사람은 '폭력행위자'로 지목되어 연행되었다. (정부 당국의 체포는 가혹했는데, 심지어 불법 박수치기로 구금된 사람들 중 한 명은 한쪽 팔이 없는 사람이었다.) 심지어 대통령이 연설

2011년 6월 벨라루스.

▲ 수많은 사람들이 루카셴코 대통령에게 '박수갈채'를 보내기 위해 모였다. 이날 수십 명이 거짓 충성 명목으로 연행되었다.

◀ 체포된 사람들은 그다지 위축되어 보이지 않았다.

할 때 처음으로 '우레와 같은 박수'를 보내며 벌떡 일어서는 대통령 추종자들조차 그들의 박수갈채가 반어적으로 해석되어 체포될 수 있었기 때문에, 대통령의 연설이 진행되는 동안 조용히 앉아 있을 수밖에 없었다.

박수 금지는 단지 시작에 불과했다. 정부는 어떤 행동을 목적으로 하는지에 상관없이(심지어 함께 행동하는 것이 아닐지라도) 사람들이 모이는 것을 금지하였다. 루카셴코에게는 무언가를 하기로 결정한 사람과 아무것도 하지 않기로 한 사람 모두가 똑같이 반역자로 간주되었다.

벨라루스 자유 극장에서는 〈청바지 세대Generation Jeans〉라는 작품을 선보였는데, 이 극장에서는 감독과 배우, 심지어 관람객들까지도 지나치게 많은 진실을 말한다는 이유로 계속 연행되었다. (이 연극의 제목은 데님 청바지를 즉석에서 시위깃발로 만들어 사용한 2006년의 '청바지 혁명Jeans Revolution'을 참고해 만들었다.) 연극 〈청바지 세대〉는 "조만간 모든 형기刑期는 만료된다. 독재정권도 이와 마찬가지로 곧 끝날 것이다"라는 대사로 끝을 맺는다.

재스민과 빅맥

중국에서는 시위를 하는 것이 매우 도전적이고 위험한 일이다.
하지만 중국 사람들은 그들의 문제를 알릴 수 있는 특이한 방법을
모색하였다.

2011년, 튀니지의 평화적인 '재스민혁명'—처음에는 아랍의 봄
으로 알려지게 된 일련의 봉기—은 일반 시민들의 목소리가 예전
보다 훨씬 더 클 수 있다는 것을 보여주었다. 이런 혁명 속에서 튀
니지의 부패한 대통령은 결국 도망쳐야만 했다. 더 많은 자유를
원했던 중국인들은 이런 튀니지의 혁명에 크게 고무되었다. 그들
은 놀라운 일을 이룬 세상 반대편 사람들과의 연대를 보고 싶어
했다.

▲ 2011년 2월 중국
상하이. 초조한 정부
당국에게는 사람들이
그저 거니는 것조차
충분한 체포 사유가
되었다.

중국에서는 공식적 항의를 시작도 하기 전에 무조건 저지될 것이었다. 그래서 주최자들은 이를 대신해 시위자들에게 다양한 장소, 예를 들면 베이징의 맥도날드나 광저우의 스타벅스, 상하이의 평화시네마 같은 번화한 장소 주변을 단순히 '거닐도록' 독려했다. 중국의 재스민혁명을 이끈 집단에서는 '함성이나 구호 없이 단순히 걷고 웃자'라는 투쟁방침을 발표했다.

이런 시위 형태는 정부 당국에게 예상했던 것보다 더 큰 골칫거리가 되었다. 조용한 거닐기에 대응하기 위해 수많은 경찰 대오와 사복 경찰이 동원되었지만, 단지 카푸치노나 빅맥을 먹으러 온 것 같은 사람들을(혹은 그런 것 같지 않은 사람들을) 체포하는 것은 어려운 일이었다. 인권을 요구하는 사람들과 햄버거를 먹으려는 사람들이 한데 섞여 있었기 때문이다. 따라서 시위자들은 종종 일부러 그런 사람들의 무리로 들어갔다.

맥도날드에 앉아 있던 한 남자는 "이것은 서로 만날 수 있는 기회다. 미래를 준비하는 과정 같다"라고 말했다. 정부는 사람들을 무작위로 두들겨 패면서 그 지역을 청소하기 위해 청소차를 투입하는 편집증적 반응을 보였다. 정부는 인터넷 검색 용어에서 '재스민'이라는 용어를 금지했는데, 이는 비폭력 시위에 대한 당국의 두려움을 나타낸 것이었다.

'억압이 있는 곳에는 늘 저항이 있다.'

마오쩌둥Mao Zedong

쇼핑인가, 시위인가?

홍콩이 한 세기에 걸친 영국의 식민 지배에서 벗어나 중국에 반환이 된 1997년에는 '일국양제'(하나의 국가에 두 개의 체제를 허용한다–역자)라는 공식 구호가 사용되었다. 하지만 그 후 몇 년 동안 홍콩은 자국의 자유가 중국 본토의 억압으로 인해 위험할 정도로 약해지는 것을 두려워했다.

2014년에 수만 명의 사람들은 보통 선거권을 요구하는 소위 '우산혁명'이라 불리는 시위에 참여했는데, 정부는 이를 받아들이지 않았다.* 시위자들이 쓴 우산은 내리는 비뿐만 아니라 시위자들에게 쏘는 최루 가스와 페퍼 스프레이를 막는 역할을 하였다.

시위가 확산된 이후에도 저항은 계속되었다. 2014년 11월, 홍콩 행정장관 렁춘잉CY Leung—그는 1,200명의 선거인단 중 겨우 689표를 받고 행정장관에 당선되어 조롱조로 689라고 불렸다—은 시위로 피해를 입은 지역에 있는 상점들을 도와주기 위해 몽콕 거리에서 쇼핑을 해달라고 대중에게 요청하였다. 그리고 시위자들은 이런 그의 요청에 응하였다. 시위자들은 "쇼핑하러 가자!"고 외치면서 몽콕 거리로 모여들었고, 그곳에서는 공식적인 혼란이 빚어졌다. 경찰들이 이런 상황에서 어떻게 진짜 쇼핑객과 '쇼핑객을 가장한 시위대'를 구분할 수 있었겠는가?

렁춘잉 행정장관은 아직도 대중의 지지를 받는 데 어려움을 겪고 있다. 그에 대한 지지율은 이전 행정장관들과 비교해봤을 때 매우 낮다. 2016년, 페이스북 포스트에 '좋아요' 외 다른 반응—'사랑해요', '와우', '슬퍼요', '하하' '화나요'—을 할 수 있는 새로운 기능이 도입되면서 그는 더욱 어려움을 겪었다. 렁춘잉의 페이스북에 십만 명의 홍콩 사람들이 들어와 며칠 만에 '화나요'를 눌렀는데, 그 수는 세계 신기록이었다.

2014년 10월 홍콩. 우산으로만 무장한 수만 명의 사람들이 대표를 뽑을 권리를 요구하며 경찰 기동대와 최루 가스에 맞서고 있다.

* 우산혁명은 홍콩의 행정장관 선거가 간선제로 실시되는 것에 문제를 제기하며 완전 직선제를 요구하였다.

불온한 샌드위치

　2014년 태국에서 군사 쿠데타가 일어난 이후, 시민들은 '행복해지라'는 명령을 받았다. 충분히 행복하지 못한 사람은 '태도 교정'이라는 명목하에 군부로 끌려갔다. 다섯 사람 이상이 모이는 것도 금지되었다. 하지만 태국 사람들은 시위가 아니라 단지 각종 활동을 조직하는 방법으로 금지령을 우회하였다.

　저항의 한 형태는 샌드위치 먹기였는데, 이는 군사정권에게 조심스럽지만 눈에 잘 띄게 '아니요'라고 거부하는 시위였다. 이는 '민주주의 도시락'으로 불렸다. 군부는 이런 불온한 점심식사를 한 사람들을 체포하는 것으로 대응했다. 샌드위치 먹기와 함께 책 읽기도 또 다른 위험한 활동이 되었다. 공적 장소에서 드러내놓고 책을 읽는 학구적인 사람들은 체포되었는데, 군부가 명확히 태국 상황과 관련이 있다고 생각한 조지 오웰의『1984』같은 책들이 금서로 지정되었다.

2014년 6월 태국 방콕.
샌드위치 먹기와 책
읽기는 태국 군사정권에
의해 체포 가능한
행동이 되었다.

정부의 편집증은 문학에만 그치지 않았다. 시위자들은 영화 〈헝거게임〉의 세 손가락 경례를 사용해 더 많이 체포되었고 영화는 현실로 비화하였다.* 영화에서 나온 제스처를 불법적으로 사용하는 데 사람들이 열을 올리자, 방콕에 있는 일부 영화관들은 〈헝거게임: 모킹제이The Hunger Games: Mockingjay-Part 1〉가 불온한 영화라고 판단했다. 그들은 '정치적 암시에 대한 두려움' 때문에 상영을 취소하였다. 그들의 이런 판단은 적확했는데, 왜냐하면 〈헝거게임〉을 보려고 영화관에 오던 학생들이 극장 밖에서 체포되는 사태가 벌어졌기 때문이다.

한편, 군사정권은 물러나지 않았다. 하지만 시위자들도 마찬가지였다. 페이스북에 쓴 '나는 쁘라윳 짠오차Prayuth Chanocha 장군을 사랑해요'라는 문구는 군부 지도자에 대한 찬양일 수 있었지만, 페이스북에 이런 글을 올린 8명은 검거되어 내란죄로 기소되었다. 쿠데타 이후 태국에서 쁘라윳 장군을 사랑한다는 생각은 너무도 명백히 생겨날 수 없었던 것이다(조롱일 수밖에 없었던 것이다-역자).

박사와 투덜이 VS 탱크

　1981년 폴란드 정부는 이전에 도입된 역사적 개혁을 뒤집기 위해 탱크를 거리에 두고 계엄령을 선포하였다. 비공식적 반체제운동을 아우르는 자유노조 연대는 금지되었다. 수천 명의 사람들이 두들겨 맞고 체포되었다. 자유노조 연대를 지지하는 사람들은 폴란드 전역을 몇 달, 몇 년에 걸쳐 돌며 벽에 수많은 구호를 남겼다. 역으로 정부 당국은 하얀 얼룩이 무수히 남도록 시위자들의 구호 위에 페인트칠을 했다. 여기까지는 매우 일반적인 이야기이다.

1984~1988년 폴란드. 폴란드인들은 정치 슬로건을 벽에 적는 것을 단속하는 정부에 대응하기 위해 브로츠와프Wrocław와 폴란드 전역에 친근한 난쟁이 그림을 그렸다.

하지만 그 후 폴란드에 새로운 전환이 나타났다. '오렌지 대안 Orange Alternative'이라 불리는 단체가 당국을 혼란스럽게 하기로 결정하였다. 그들은 흰색이 칠해진 벽면에 다시 페인트칠을 했다. 하지만 이번에는 또다시 삭제될 연대 구호를 쓰지 않고, 친숙한 난쟁이 그림을 그렸다. 이는 정부를 곤경에 빠뜨렸다. 언뜻 보기에 빨간 모자를 쓴 작은 난쟁이들(폴란드어로 krasnoludki)은 사회 비판적이지 않았다. 그들은 단지 난쟁이일 뿐이었다. 하지만 정부는 그들이 조롱당하고 있다는 것을 느낄 수밖에 없었다. 높은 분들로부터 난쟁이를 금지라는 지시가 내려왔다.

1988년, '난쟁이혁명'이 미리 발표되기 이전에 "난쟁이혁명은 당신 없이는 일어나지 않는다! 혁명의 운명은 당신 손에 달려 있다"라는 불법 전단이 유포됐다. 참가자들은 종이 모자를 쓰고 장난감 딸랑이와 트럼펫을 가져오라는 요청을 받았다. 그들은 "연대 없이는 자유도 없다!"라는 익숙한 구호 대신 "난쟁이 없이는 자유도 없다!"라는 구호를 외쳤다. 당국에게 이는 난해한 것이었다. 경찰 무전기에는 아마 세계 역사상 최초일 "모든 난쟁이들을 체포하라!"는 지시사항이 내려왔다.

돌이켜 생각해보면, 정부가 이 사태를 우려한 것은 옳았다. 난쟁이혁명이 일어난 지 몇 달 만에 폴란드 정부는 1989년 치러진 총선 결과(자유노조 의원들의 압도적인 의석 차지-역자)에 동의할 수밖에 없었고, 이런 자유노조 연대의 승리는 베를린 장벽의 붕괴를 촉진하였다. 난쟁이인 투덜이와 박사, 부끄럼, 재채기는 그들의 역할을 매우 잘 해냈다.

◀ 1988년 6월,
폴란드인들은
난쟁이혁명을
조직하였고,
(왼쪽 포스터)

▲ 혁명에 참가한
사람들은 "난쟁이
없이는 자유도
없다!"라는 구호를
외쳤다.

변화를 위한 침묵

2013년, 수백만 명의 사람들이 이스탄불 거리와 터키 도시를 장악하였다. 이들은 처음에 이스탄불 중심에 있는 게지 공원의 재개발에 반대하기 위해 모였는데, 이후 더 폭넓은 정치적 변화를 요구하는 것으로 나아갔다. 터키 당국은 시위자들을 때리고 최루 가스를 쏘고 구금하였는데, 터키 총리 레제프 타이이프 에르도안Recep Tayyip Erdoğan은 트위터의 '위협'을 맹렬히 비난하기도 하였다. 에르도안 총리는 시위자들을 '강도'나 '인간 쓰레기'라고 불렀는데, 시위자들은 이런 의도된 모욕을 오히려 그들 자신의 것으로 만들었다. '나는 매일 강도질 한다'라는 문구가 티셔츠와 벽에 쓰이는 그들의 유명 슬로건이 되었다.

시위가 일어난 지 2주 후인 2013년 6월 15일, 경찰 기동대는 게지 공원과 탁심광장 인근에 있는 수천 명의 시위대를 쫓아냈다. 광장은 봉쇄되었고, 광장에 남아 있는 사람들은 '테러범이거나 테러조직을 지지하는 사람'으로 간주될 것이라는 정부 발표가 있었다. 마치 모든 것이 다 끝난 듯이 보였다.

하지만 이틀 뒤, 스탠딩 맨이 나타났다. 탁심광장에 나타난 남자는 아무것도 하지 않았다. 그는 단지 국기와 현대 터키 공화국의 창시자인 케말 아타튀르크Kemal Atatürk 동상을 응시하며 8시간 동안 한자리에 서 있었다.

처음에는 사람들이 이를 거의 알아채지 못했다. 그러나 시간이 흐르면서 사람들은 그의 사진을 찍기 시작했고, 찍은 사진을 SNS에 공유했다. 일부 사람들은 구호 없는 시위인 스탠딩 맨에 가담했다. 그리고 이와 똑같은 시위가 다른 지역과 도시에서도 시작되었다. '#두란아담('정지한 사람'이라는 터키말-역자)' 혹은 '#스탠딩 맨'이라는 해시태그가 터키뿐만 아니라 세계 전역으로 퍼져 나갔다.

많은 사람들이 에르뎀 귄뒤즈Erdem Gündüz를 따라 '스탠딩 맨'이라는 행위예술에 참여했다. 귄뒤즈는 "나는 단지 이 나라의 평범한 시민이다. 우리는 우리의 목소리가 들리기를 바란다"고 말했다. 그는 정부의 위협이 겁나지 않는다고 말하면서 "우리는 계속 나아갈 것"이라고 주장했다.

그 이후 수년간 터키의 반정부 세력은 이전보다 훨씬 더 나쁜 상황에 처했다. 하지만 탁심의 정신은 사그라들지 않았다. 2014년, '탁심연대Taksim Solidarity group'의 창시 멤버인 뮈젤라 야프즈Mücella Yapıcı는 '범죄 조직'을 만들었다는 혐의로 기소되었다. 야프즈는 이후 무죄 선고를 받았지만, 그녀는 실형 선고의 위협이 드리워져 있을 때조차 "6월에 새로운 연대가 탄생했다. 그리고 그것은 끝나지 않았다"고 주장했다. 한편, 에르도안 총리는 그런 저항에서 이익을 얻었다. 2016년 일어난 군사쿠데타 시도에 대응하기 위해 비무장 상태의 군중들(에르도안 총리에 적대적이지만, 군부의 전복은 꺼리는 많은 사람들)이 거리를 메웠고, 탱크를 막아섰다. 하지만 군부의 쿠데타 시도 이후에도 에르도안 총리는 기본권의 의미를 이해하지 못했다. 그는 자신을 대신해 군사쿠데타에 저항의 목소리를 높인 수많은 언론계 기자들과 활동가들을 계속 체포하였다.

2016년 5월 마케도니아 스코페. 옛 유고슬라비아 공화국에서는 시위자들이 정부의
심각한 부패와, 수사 대상자에 대한 사면에 격분하였다. '색깔혁명'에서 마케도니아
사람들은 거창한 새 박물관 건물과 민족주의 기념물에 페인트가 든 풍선을 던졌다.
박물관과 동상 건립에는 무려 5억 유로가 들었지만, 마케도니아 월평균 임금은 350유로
수준이었다. 한 신문은 색깔혁명에 관한 기사를 실으면서 "시위대가 알렉산더 대형
동상을 집어삼켰다"라는 문구를 헤드라인으로 내보냈다.

작은 행동으로
큰 주제 전하기

**'약한 마음은 비범한 것에 관심을 갖고,
위대한 마음은 평범한 것에 관심을 갖는다.'**

블레즈 파스칼Blaise Pascal

강한 억압은 그만큼 강한 저항으로 무너뜨릴 수 있다. 그러나 작은 행동 역시 더 큰 자유에 대한 열망을 상징할 수 있다.

그런 행동은 대개 선택에 의한 것이다. 여성들은 자신이 머리스카프를 두를지 말지를 선택해야 한다. 시위자들은 정부가 아니라 여성들 자신이 차를 운전할 권리를 행사할지 여부를 결정해야 한다고 주장한다. 익살스러운 페이스북 포스트가 기본권 회복을 위해 사용될 수도 있다.

하지만 이러한 작은 선택도 큰 위협에 직면한다. 이 장에 담긴 이야기들이 방증하듯이, 작은 행동도 많은 경우 극적인 행동 못지않게 위험하다. 하지만 빈센트 반 고흐Vincent Van Gogh가 말한 바 있듯이 "소소한 것들이 모여 비로소 큰 것이 된다."

날 수 있는 자유

전 세계의 많은 여성들은 문화적·종교적인 이유로 머리스카프를 쓴다. 그 외 다른 여성들은 머리스카프를 두르지 않는다. 두 집단 모두에게 그것은 그들의 권리이다. 하지만 일부 정부는 여성들이 그런 권리를 행사하는 것을 달가워하지 않는다.

많은 이란 여성들은 정부가 적당하다고 생각하는 것보다 더 많은 머리카락을 보이는 '나쁜 히잡bad hijab' 운동을 통해 이에 꾸준히 저항해왔다. 이란의 도덕경찰들(공식적으로는 '지도 순찰대')은 매년 삼백만 명의 여성들을 체포하거나 문책한다. 최근 몇 년 동안에 저항은 나쁜 히잡 운동에서 히잡 벗기 운동으로 발전하였고, 이런 운동은 의도적으로 세계에 알려졌다. 언론인이자 여성운동가인 매시 알리네자드Masih Alinejad는 2014년에 '나의 은밀한 자유 My Stealthy Freedom page'라는 페이스북 페이지를 개설해 히잡을 벗은 자신의 사진을 올리고, 다른 여성들도 그런 사진을 올릴 수 있게 하였다. 그러면서 그녀는 이를 옳고 그름이 아닌 선택의 문제라고 주장하였다. "나의 어머니는 히잡을 쓰고 싶어 하신다. 하지만 나는 히잡을 쓰고 싶지 않다. 이란 정부는 이 두 가지 모두를 허용해야 한다."

이란 여성들은 자신의 머리카락이 가려지지 않고 바람에 휘날리는 사진을 찍어 '나의 은밀한 자유' 페이지에 올렸다. 한 여성은 "우리는 이란을 사랑한다. 이것이 바로 우리가 국가로부터 여성에 대한 더 많은 존경을 요구하는 이유다"라고 적었다. 백만 명이 넘는 사람들이 '나의 은밀한 자유' 페이지에 들어와 '좋아요'를 눌렀다.

▶ 2016년 이란 이스파한. 이 여성은 페이스북에 개설된 '나의 은밀한 자유 페이지'에 자신의 저항적이고 위법적인 사진을 올렸다. 그녀는 "자유는 우리를 위해 그냥 숨어 있는 것이 아니기 때문에, 자유를 얻기 위해서는 싸워야 한다… 나는 자유롭게 살고 싶고, 나의 다리가 아닌 날개로 달려 나가고 싶다. 나의 날개는 두려움이 아닌 웃음을 상징한다… 그곳에서 나의 머리카락은 자유로워진다"라고 썼다.

저항을 위한 작은 행동들이 계속 늘어나고 있다. 2016년 출시된 한 애플리케이션은 크라우드 소싱을 이용해 '지도 순찰대'가 순찰을 도는 지역 정보를 모아 참여자들이 서로 의견을 나눌 수 있게 하였다. 이 애플리케이션의 슬로건은 '자유롭게 거닐기'였다.

매시 알리네자드는 시간이 여성의 편이라고 확신하였다. "정부는 우리를 매우 두려워한다. 그들은 무기와 감옥, 돈 등 모든 것을 가지고 있지만, 우리는 단지 페이스북만 가지고 있다. 그런데도 이는 그들을 겁먹게 한다. 왜 그런 것일까? 이는 그들이 여성에게 권한이 부여되는 것을 원치 않기 때문이다. 정부는 여성들의 권리가 신장되는 것을 원하지 않는다."

운전석에서

    기름을 원하는 서구 국가들의 든든한 동맹국으로 여겨지는 사우디아라비아에서는 자유로운 의견 개진이 혹독하게 처벌받는다. 한 가지 예를 들어보면, 양심수 라이프 바다위Raif Badawi는 온라인에 평화를 원한다는 의견을 개진했다는 이유로 태형 1,000대와 실형 십 년을 선고받았다.

    여성의 권리는 여러 가지 측면에서 짓밟혔다. 사우디아라비아의 최고권위자인 대 무푸티Grand Mufti는 여성들이 운전하는 것을 두고 '악에 노출되는 위험한 일'로 간주하였다. 하지만 마날 알 샤리

▲ 사우디아라비아의 최고권위자인 대 무푸티는 운전을 하는 것이 '여성을 악에 노출시킨다'고 생각하였다. 사진 속 마날 알 샤리프와 다른 여성들은 이에 동의하지 않았다.

프Manal al-Sharif와 다른 사우디 여성들은 이에 강하게 저항하면서 그런 금지령을 거부하는 동영상을 찍었다. 2014년에 이 금지령을 어긴 여성들 중 두 명인 라우자인 알 하슬라울Loujain al-Hathloul과 메이샤 알 아무디Maysaa al-Amoudi는 테러행위를 처벌하기 위해 세워진 법정에서 재판을 받은 후 잠시 수감되었다.

하지만 변화에 대한 압박은 계속되었다. 알 하슬라울의 남편인 개그맨 파하드 알부타이리Fahad Albutairi는 밥 말리Bob Marley의 노래인 〈노 우먼 노 크라이〉를 〈노 우먼 노 드라이브〉로 개사해 뮤직 비디오를 만들었다. 유튜브에서 이 뮤직 비디오의 조회수는 1,300만에 달했다. 그는 오스카 와일드Oscar Wilde의 "만약 당신이 사람들에게 진실을 말하고자 한다면 그들을 웃겨라. 그렇지 않으면 그들이 당신을 죽일 것이다"라는 말을 인용하였다.

사우디 작가 마하 알 아킬Maha al-Aqeel은 변화를 거스를 수 없다고 생각하였다. "많은 보수주의자들은 여성이 운전할 권리를 얻게 되면, 그 즉시 남성 지배의 마지막 보루가 무너진다고 느낀다. 나는 여성이 운전하는 것은 분명 또 다른 변화를 이끌 것이라고 생각한다. 여성이 운전하는 것을 반대하는 사람들은 바로 이런 이유 때문에 이를 격렬히 반대한다."

마날 알 샤리프는 "우리는 이 세상에 내린 하나의 물방울이다. 하지만 비는 그런 하나의 물방울에서 시작된다"라고 주장하였다.

일부 사우디 여성들은 자동차 운전 금지에
대한 좌절감을 해소하기 위한 방편으로
4륜 오토바이를 몬다. 아주 멀리 떨어진
두 지역을 4륜 오토바이로 오가는 것은
법적으로 허용되어 있다.

마음 놓고 소변보기

사람들이 그들의 삶에 대한 기본적 선택을 하는 것이 금지되는 경우는 왕왕 존재한다. 2016년, 노스캐롤라이나 주지사 팻 맥크로리Pat McCrory는 성전환자가 출생증명서에 기재된 성별과 일치하지 않는 성별의 화장실을 이용하는 것을 불법화하는 법안에 서명하였다.

이 새로운 법안에 대한 사회적 반발은 심하였다. 바이올리니스트 이작 펄만Itzhak Perlman에서부터 가수 브루스 스프링스틴Bruce Springsteen에 이르기까지 많은 예술가들은 반발의 의미로 자신의 공연을 취소하였다. 페이팔Paypal은 노스캐롤라이나 국제활동센터에서 잡힌 공연일정을 전면 취소하였고, 노스캐롤라이나 출신의 미국 법무부 장관 로레타 린치Loretta Lynch는 이 법안을 두고 '안전과 보안이 지켜져야 할 장소에서 단지 사적인 기능만을 문제 삼아 가해지는 성전환자 개인에 대한 국가적 차원의 차별'이라고 비판하였다.

그 사이, 한 네티즌이 '최고의 셀카'라는 제목의 사진을 올렸다. 미국진보센터Center for American Progress, CAP의 성소수자 커뮤니케이션 관리자인 사라 맥브라이드Sarah McBride는 여자화장실에서 불법적으로 자신의 사진을 찍어 인터넷에 공유하였다. 그녀는 사진 밑에 "그들은 내가 위험하다고 말합니다. 그리고 내가 일생 동안 싸워 그들이 나를 한 사람으로 받아들이게 되면, 이는 한때 위대했던 국민의 타락을 반영하는 것으로 보이게 된다고 말합니다"라는 캡션을 달았다. 그리고 나서 맥브라이드는 자신의 다른 생각을 덧붙였다. "나는 그저 한 사람입니다. 우리는 모두 사람입니다. 그러니 마음 놓고 소변을 봅시다."

▲ 사라 맥브라이드는
노스캐롤라이나 주가 그녀의
여자화장실 출입을 금지하는
법안을 통과시키자마자 이런
저항적인 셀카 사진을 게시했다.

▶ 일부 기관들은 더 이상 안
되겠다는 판단을 내려 여성도
남성도 아닌 '누구든지'라는
실용적인 화장실 안내판을 만들어
사용하였다.

팔꿈치로 저항하기

**'소소한 일이라고 생각하면서
아예 시도조차 하지 않는 것만큼 큰 실수는 없다.'**

에드문드 버크Edmund Burke

국제형사재판소로부터 반인도적 범죄와 대량학살 협의를 받고 있는 수단의 오마르 알 바시르Omar al-Bashir 대통령은 1989년부터 수단을 통치해왔다. 그는 자신을 무너뜨릴 수 없다고 생각하는 것 같았다. 2012년 시위 기간 동안 그는 자신에 대한 비판을 조롱하면서 시위자들에게 '자신의 팔꿈치를 핥고 있다'고 말했는데, 이는 '그런 일은 일어날 수 없다' 혹은 '꿈같은 이야기이다!'라는 의미를 담고 있는 수단의 관용어이다.

운동단체 '기리프나Girifna'('우리는 지긋지긋하다'의 의미-역자)는 알 바시르의 이런 비판을 자신들의 힘을 드러내는 수단으로 바꿔버렸다. 수천 명의 사람들이 자신의 몸을 비틀어 팔꿈치를 핥는 사진을 찍었고, 일부 민첩한 사람들은 이에 성공했다. 팔꿈치를 핥는 이런 반정부적 사진은 온라인에 게시돼 공유되었다.

알 바시르는 2015년 대통령 선거에서 94% 득표율을 얻어 현재에도 권력을 장악하고 있다(하지만 야당이 정부에 대한 불만으로 선거 거부를 하여 불공정 선거라는 문제가 제기된 바 있다). 아마도 수단 사람들의 팔꿈치 핥기는, 알 바시르의 통치가 종식되는 날이 오면 그때 변화를 가져온 저항행위로 간주될 것이다.

▲ 오마르 알 바시르 대통령.
그는 30년간 수단을 지배했다.
그는 헤이그 국제형사재판소에
대량학살 혐의로 기소되었지만,
2015년 수단 대통령 선거에서
94%의 득표율로 승리하였다.
그러나 알 바시르는 자신의
팔꿈치를 핥을 수 없다(그의 이런
지배는 있을 수 없는 일이다―
역자).

◀ 2012년 6월 수단에서 열린
'우리는 우리의 팔꿈치를 핥을 수
있다!' 행진 포스터. 포스터에는
"우리는 거리로 나왔고, 다시
돌아가지 않는다"라는 구호가 쓰여
있다.

서로 다른 깃발 흔들기

캐시 프리먼Cathy Freeman은 그녀를 포함한 수백만의 호주 토착민들이 수년간 직면했던 편견 속에서 자랐다. 그녀는 열 살 때 처음으로 달리기 경주에서 우승하였지만, 메달을 받지 못했다. 메달은 백인 소녀들에게 돌아갔다. 그녀의 가족사는 '도둑맞은 세대Stolen Generations'가 겪은 고통으로 점철되어 있었는데, 이 세대의 호주 토착민들은 아이들을 강제로 빼앗겼다.*

1994년 캐나다에서 열린 영연방 경기대회에 출전한 프리먼은, 스물한 살의 나이로 400m 육상경기에서 신기록을 세우며 호주의 영웅이 되었다. 그녀는 자신의 우승이 단지 그녀만을 위한 것이 아니라, 모든 호주 토착민들을 위한 것이 되어야 한다고 판단했다. 그래서 프리먼은 경기규칙을 무시한 채 호주 국가와 호주 토착민 깃발을 함께 들고 트랙을 돌았다.

'고국을 잃는 것보다 더 큰 슬픔은 없다.'

에우리피데스Euripides

호주팀 감독은 며칠 뒤 있을 200m 경주에서 프리먼이 이기더라도 그런 행동을 반복해서는 안 된다고 못박았다. 하지만 프리먼은 200m 경주에서 우승을 하자, 또다시 두 깃발을 휘두르고 트랙을 돌았다. 그녀는 "이것은 내 경기다. 그러니 누구도 내가 얼마나 토착민이라는 것을 자랑스러워하는지 표현하는 것을 멈추게 할 수 없다"고 말했다. 프리먼의 이런 저항은 호주를 뒤흔들었다. 그녀는 수천 통의 편지를 받았다. 94세의 한 여성은 편지에 "나는 당

1994년 캐나다에서
열린 영연방 경기대회.
금메달을 딴 캐시
프리먼은 경기규칙을
어기고 호주 토착민
깃발을 흔들었다.

신이 우리의 깃발을 들고 달리는 것을 보았을 때, 내 인생 처음으로 호주 토착민이 된 것이 가치 있게 느껴졌다"라고 썼다.

6년 후인 2000년 시드니 올림픽에서 프리먼은 다시 금메달을 땄다. 그녀는 의기양양해하는 고국 군중들 앞에서 다시 두 깃발을 감고 트랙을 돌았다. 이번에는 혼란이 빚어지지 않았다. 한 논평가가 말했듯이 이는 '분열된 국민의 화합을 이뤄낸 순간'이었다.

이런 상황은 더욱 탄력을 받아 그간 프리먼 자신이 요구했던 도둑맞은 세대에 대한 국가적 사과로 이어졌다. 2008년, 드디어 사과는 이루어졌다. 케빈 러드Kevin Rudd 총리는 호주 정부를 대변해서 호주 토착민들이 겪은 '고통과 괴로움, 상처'를 인정했다. 러드 총리는 호주의 미래가 '상호 존중과 화합, 상호 책임감'에 바탕을 둘 것이라고 말했다.

프리먼이 이런 역사적 연설을 들으며 우는 모습이 사진에 찍혔다. 그녀는 "우리는 절대 잊지 않을 것이다. 하지만 우리는 용서할 것이다"라는 소회를 밝혔다.

생리주기 운동

　인디애나 주지사였던 마이크 펜스Mike Pence는 2016년에 한 사람의 신자로서 낙태 금지 법안에 서명한 것을 자랑스러워했는데, 여성의 자기결정권을 지지하는 한 단체에서는 이 법안을 '미국에서 나온 가장 악랄한 낙태 금지 법안 중에 하나'라고 주장했다.

　이 법안은 태아가 심각한 장애가 있는 경우조차 낙태를 금지하는 내용을 담고 있었다. 또 임신 8주에 유산한 여성은 혈과 조직(태아—역자)을 매장하거나 장례식장에서 화장을 해야 했다. (그리고 수정란이 여성의 월경혈에 들어 있기 때문에—역자) 이론상으로는 여성들이 매달 월경혈을 매장하지 않으면 이 새로운 법을 위반하게 되어 있었다.

인디애나 여성들은 더 이상 참을 수 없었다. 펜스의 이메일 주소와 핸드폰 번호가 공개되어 있는 '펜스가 알아야 할 생리주기 Periods for Pence'라는 페이스북 페이지가 만들어졌다. 여성들은 산과 및 부인과 의학에 매우 관심이 많은 펜스와 그의 보좌관들에게 그들의 월경주기를 알려주고, 이에 대한 무지에서 발생하는 문제를 막기 위해 펜스의 사무실로 전화를 걸기 시작했다. 한 여성은 그의 사무실에 전화해 "여보세요? 이번 달은 평소보단 조금 양이 많았지만 매우 순조롭게 지나갔어요"라고 말했고, 다른 여성은 "내 성기와 나는 놀라운 주말을 보냈어요"라고 말했다. 또 다른 여성은 "난 단지 주지사님에게 요즘 제가 생리를 안 한다는 사실을 말씀드리고 싶어 전화했어요. 아이를 낳을 수 없을 것 같아요. 괜찮지요?"라고 말했다.

그런 통화량은 점점 많아졌고, 이야기의 심각성도 더해갔다. 미국가족계획협회Planned Parenthood Federation of America와 시민자유연합 American Civil Liberties Union은 그들이 위헌 법안이라고 부른 인디애나주의 낙태 금지 법안을 성공적으로 저지했다.

폴란드에서는 가톨릭의 지지로 낙태 금지 법안이 발의되었는데, 폴란드 여성들은 인디애나에서 일어난 저항 행동을 따라 폴란드 총리에게 대항했다. 많은 여성들은 옷걸이를 들고 나와 머리 위로 흔들면서 낙태가 금지됐던 과거에 행해진 위험한 낙태시술을 상기시켰다. 2016년 4월에 폴란드 가톨릭교회에서 주교가 전한 메시지에 대항하는 여성들의 파업 시위가 벌어졌다. 이를 본 『아이리시 타임스Irish Times』는 "중세시대와 21세기가 기이한 접전을 벌이고 있다"고 보도했다.

2016년 4월 폴란드 바르샤바. 폴란드
여성들이 옷걸이를 들고 시위하고 있다.
그들은 교회 앞에서 대규모 파업 시위를
벌였다.

신나치 해체를 위한
신나치의 모금활동

과거에 신나치Neo-Nazis는 분지델Wunsiedel이라는 작은 독일 마을을 행진하는 것을 즐겼는데, 분지델 주민들은 이를 골칫거리로 여겼다. (히틀러의 심복인 루돌프 헤스Rudolf Hess가 분지델에 묻힌 이후 신나치주의자들은 이곳으로 순례를 왔다.) 2014년에 지역주민들은 원치 않는 신나치의 침입에 더 이상 참지 않기로 결정했다.

분지델의 주민 및 상인들로 결성된 '극우파에 맞설 권리Right Against the Right'라는 단체가 한 가지 재치 있는 계획을 생각해냈다. 그 계획은 신나치들이 1m씩 걸을 때마다 지역주민들이 '독일의 비상구Exit Deutschland'라는 단체에 10유로씩 기부를 하는 것이었다.

'독일의 비상구'라는 단체는 신나치주의에서 벗어나고 싶은 사람들을 돕고, 그들의 사회 복귀를 장려하는 시민단체였다. 신나치가 많이 걸을수록 그들 집단을 반대하는 단체에 더 많은 기부금이 전달될 수 있었다. 행진하는 길에 걸린 화려한 현수막들이 이 소식을 신나치에게 전했다. 신나치가 행진을 계속하면 극우와 싸우는 단체에 기부금이 전달될 수 있었고, 그들이 행진을 멈춘다면 분지델에 그만큼 좋은 결과가 생길 수 있었다.

이 반(反)신나치운동으로 모인 1만 유로의 돈이 기부금으로 전달되었고, (이 운동을 전개한 단체에 따르면) 많은 극우세력들은 이 일로 충격을 받았다. 행진한 사람들은 좋은 일에 기부할 수 있게 해준 '공적'을 세웠다고 감사장을 받았다(이는 조롱의 의미를 담고 있었다-역자). 분지델에서 이루어진 이 운동은 신나치즘을 약화시키는 데 기여하면서 독일의 여러 도시들에서 재현되고 있다.

▼ "2,500유로에 감사해요"라는 문구가 극우세력들이 행진하는 도로 위에 쓰여 있다.

1967년 10월 21일
워싱턴 DC.

폭력에 맞서기

실제 가해지는 폭력이나 위협성 폭력은 대개 비폭력이 가진 잠재적 힘에 의지하는 사람들에게 가로막히거나 그들에 의해 약화된다.

다양한 맥락에서 반복적으로 사용되어온 옆 페이지의 유명한 사진은, 1967년 반전평화시위가 벌어지던 워싱턴 거리에서 열일곱 살 소녀 잔 로즈 카스미르Jan Rose Kasmir가 총검을 겨눈 군인들 앞에서 한 송이의 꽃을 들고 있는 모습을 담고 있다. 그날은 분명 비폭력 시위가 큰 성공을 거두지 못하였다. 시위자들이 미 국방부의 폭력적 혼을 날려버리는 의식을 행하려 하자, 그들에게 구타와 최루 가스 발포가 가해졌고 대다수가 끌려가 체포되었다. (시위 참가자들은 '살인과 폭력, 폭행의 혼을 몰아내는 의식'을 행하려고 했다.)

하지만 이 사진을 찍은 사진작가 마르크 리부Marc Riboud는 "잔 로즈 카스미르가 총검을 두려워한 것보다 군인들이 그녀를 더 두려워했다"는 인상을 받았다고 밝혔다. 수십 년이 지난 후, 카스미르 자신도 그와 유사한 생각을 했다고 회상했다. "순간 내 앞에 있는 군인이 내가 쉽게 사귀었던 사람 중 한 명이고, '총검을 든 군인들 모두'가 그렇다는 것을 깨달았다."

타인에게 폭력을 가하라는 명령을 받는 사람들은 그들이 때리거나 총검을 휘둘러야 할 대상이 비폭력으로 대응하면 대개 매우 불안해한다. 가위바위보의 현실적 버전처럼, 연약한 시위는 분명 놀라울 정도로 강력할 수 있다.

이슬람교의 간디

'정당한 명분과 고통에 대한 수용, 그리고 비폭력을 기반으로 한다면 승리는 확실하다.'

모한다스 간디|Mohandas Gandhi

맨발의 변호사 모한다스 간디가 어떻게 대영 제국과 맞서 싸워 그들을 굴복시켰는지에 대한 이야기는 너무나 잘 알려져 있다. 상대적으로 덜 알려진 이야기는 간디의 벗인 이슬람교 지도자 압둘 가파르 칸Abdul Ghaffar Khan(바드샤 칸 혹은 '변경의 간디'라고도 불린다)에 대한 이야기이다.

칸은 1929년에 지금은 파키스탄의 일부인 북서변경지역North-West Frontier Province에 비폭력 군대를 창설했다. 그 군대는 '신의 종들Servants of God'이라고 불렸다. 칸에게 가장 중요한 무기는 '인내와 정직'이었다. 그는 인내와 정직을 '경찰과 군대가 맞설 수 없는 무기'라고 하였다. 그의 군대 '신의 종들'이 붉게 물들인 제복을 입게 되면서 그들은 '붉은 옷Red Shirts 군대'라고 불리게 됐다.

영국이 인도에서 일어난 비폭력 시위에 대해 '관대한' 접근을 취했다고 얘기되기도 한다. 하지만 현실은 매우 달랐는데, 1930년 4월 23일 페샤와르Peshawar에 있는 퀏사 카와니Qissa Khwani 거리에서 발생한 사건이 이를 잘 입증해준다. 간디가 영국의 소금 과세salt tax에 저항하기 위해 바다로 행진(소금행진)한 지 2주가 지난 뒤 칸은 체포되었다. 수많은 군중들이 칸과 다른 이들의 석방을 요구하며 북서변경지역의 수도인 페샤와르에 모였다. 군대는 군중들에게 해산하라고 명령했다. 전인도국민회의위원회All India Congress

Committee가 당시 의뢰해 작성한 보고서에 따르면, "거리에 모인 사람들은 총탄을 맞고 죽을 각오를 하면서 흩어지지 않았다." 그날 200명이 넘는 사람들이 목숨을 잃었다. 일부 인도 군인들은 "당신들은 원한다면 우리를 총으로 쏴버릴 수 있다. 하지만 우리는 무장하지 않은 우리의 형제들을 쏘지 않을 것이다"라고 말하면서 영국 사령관의 명령에 불복종했다. 17명의 군인들이 군법회의에 회부되었고, 결국 불복종죄로 투옥되었다.

▼ 친구 간디와 함께 있는 바드샤 칸(왼쪽에서 네 번째). 그들 옆으로 칸이 결성한 비폭력 군대(붉은 옷 군대) 일원들이 함께 서 있다.

전인도국민회의위원회의 보고서는 다음과 같이 기술하였다. "정부는 페샤와르에서 일어난 사건에 대한 보도를 조작하여 왜곡된 뉴스만을 대중에게 제공하였다. 하지만 일부 진실이 누설되었다… 전쟁 같던 페샤와르 시위에서 나타난 용맹함과 애국심, 그리고 비폭력 정신은 명성을 얻었고, 그 지역에서 일어난 투쟁의 역사에서 독특한 위치를 점하게 되었다."

상대적으로 다양한 맥락에서 인용되는 칸 자신이 쓴 말처럼 "영국은 폭력적인 파탄인(파키스탄 서북부에 사는 아프가니스탄인-역자)보다 비폭력적인 파탄인들을 두려워했다. 영국이 파탄인들에게 저지른 모든 잔혹한 만행은 오로지 하나의 목적만을 갖고 있었는데, 그것은 폭력으로 그들을 자극하는 것이었다."

하지만 칸의 '붉은 옷 군대'는 폭력에 자극받지 않았고, 결국 영국의 지배는 끝이 났다. 칸은 1988년에 향년 98세를 일기로 생을 마쳤다. 20만 명의 사람들이 그의 죽음을 애도하기 위해 장례식에 참석했다.

비폭력으로 무장하기

　　1950년대 미국 남부에서는 인종 차별주의가 단순히 묵인되는 것이 아니라 폭력적으로 행해졌다.

　　몇몇 사람들은 이런 폭력을 종식하는 명확한 방법이 더 많은 폭력으로 대항하는 것이라고 생각했다. 또 다른 사람들은 이런 폭력을 비폭력을 통해서 막을 수 있다고 생각했다. 피스크 대학교 학생인 스물두 살의 다이안 내쉬Diane Nash는 1959년에 테네시 주 내슈빌에서 열린 비폭력 워크숍에 참석하기 시작했다. 그 세미나는 인도에서 지내면서 간디의 가르침을 받아들인 제임스 로슨James Lawson이 조직한 것으로, 매주 화요일 저녁 6시 30분에 감리교

▲ 1960년 2월 미국 테네시 주 내슈빌. 백인 전용 런치 카운터에 앉아 있는 시위자들.

예배당에서 열렸다. 이런 워크숍과 여기에 참석한 사람들은 미국을 변화시키는 데 기여하였다.

한 참가자는 워크숍에서 진행된 한 주 수업에 대해 기술했는데, 이 수업은 '우리를 깜둥이라고 부르고, 우리 얼굴에 욕설을 퍼붓고, 우리를 밀쳐 바닥에 쓰러뜨리는 성난 행인'의 역할을 맡은 다른 활동가들과 역할극을 해보는 것이었다. 참가자들은 이 워크숍에서 절대 폭력에 폭력으로 대응하지 말아야 한다는 것을 배웠다. 로슨은 단순히 구타를 참거나 반격하려는 충동을 억누르는 것만으로는 부족하다고 주장하였다. 그는 "그런 충동은 존재하지 않는다"고 말했다.

1960년 2월에 내쉬와 그의 동료들은 내슈빌 도심가에 있는 한 백인 전용 런치 카운터에 앉는 저항을 시작했다. 그들은 매를 맞고 체포당했다. 하지만 다른 시위자들이 다시 자리에 앉았고, 그때마다 구타와 체포가 이어졌다. 하루 만에 81명의 시위자들이 체포되었다.

('유순한 언어 운동가'로 묘사된) 로슨은 대학에서 퇴학당했다. 하지만 세 달에 걸친 이런 '자리 앉기 저항'은 다이안 내쉬와 시장 간의 역사적 대화로 이어졌고, 백인 전용 런치 카운터는 결국 사라졌다. 1960년 5월 10일에 흑인 손님들은 처음으로 내슈빌 도심가에 있는 런치 카운터에서 식사를 할 수 있었다.

이것은 놀랄 만한 승리였다. 하지만 근본적인 것은 변하지 않고 그대로 남아 있었다. 학생비폭력조정위원회Student Nonviolent Coordinating Committee를 공동 발기한 내쉬는 후년에 일어난 자유승차운동Freedom Rides—미국 남부 주들을 오가는 버스에서 운용된 인종분리 승차에 대한 저항운동—에서 중요한 역할을 하였다. '자유승차단'은 그들의 목숨을 위협하는 공격을 받거나 체포를 당했다.

앨라배마 주의 애니스턴 시 외곽에서는 쿠 클럭스 클랜Ku Klux Klan, KKK단이 '자유승차단'이 탄 버스에 화염병을 던진 사건도 일어났다. 하지만 그런 공격에도 불구라고 자유승차운동은 결국 승리하였고, 다가올 미래에 거둘 더 큰 승리를 위한 새로운 원동력이 되었다.

50년 뒤에 내쉬는 그녀와 다른 운동가들이 겪은 위험을 회고하면서 다음과 같이 말하였다. "나는 인권운동을 하는 우리가 만약 선출된 관료들에게 인종 차별적인 식당과 런치 카운터, 버스 승차를 철폐하라고 맡겨두었다면 과연 어떻게 됐을지 궁금하다… 우리는 얼마나 오래 기다려야 했을까. 만약 그랬다면 우리는 아직도 이런 차별 철폐를 기다리고 있었을 것이라고 나는 확신한다."

생명의 가치

2012년 2월 26일 저녁, 자경단 대원 조지 짐머만George Zimmerman은 플로리다 주 샌포드 시내에 있는 외부인 제한 주택지를 순찰하다가 한 십대 흑인 소년을 보았다. 그는 평소 흑인 십대 소년들을 좋아하지 않았다. 그는 911에 전화해 "이 멍청이들은 항상 도망간다"고 말했다.

흉기를 소지하지 않았던 열일곱 살 소년 트레이본 마틴Trayvon Martin은 세븐일레븐에서 산 스키틀즈(캔디 브랜드-역자) 봉지를 들고 걸어가는 중이었다. 트레이본은 한 친구와 통화하면서 수상한 남자가 자기를 뒤따라와 걱정된다고 말하였다. 잠시 뒤 트레이본은 짐머만이 쏜 총에 맞아 숨졌다.

짐머만은 머리에 부상을 입었는데 그는 정당방위를 행사했다고 주장했고, 경찰은 더 이상 조사할 것이 없다고 결론 내렸다. 언론은 아무런 관심도 보이지 않았다. 단순히 또 한 명의 흑인이 죽은 일로 치부될 것처럼 보였다. 그러나 이번 사건은 다르게 끝을 맺었다. 트레이본의 양친이 정의를 요구하는 청원서를 제출했다. 그 이후 사건 재조사를 요구하는 서명운동이 확산되었고, 〈Change.org〉를 통해 이는 더욱 탄력을 받게 되었다. 1분 안에 천만 명이 서명을 한 적도 있었는데, 최종적으로 200만 명이 넘는 사람들이 재조사를 요구하는 청원서에 서명했다. 오바마 대통령은 "만약 내게 아들이 있었다면, 내 아들은 트레이본처럼 생겼을 것이다"라고 말하였다. 짐머만은 살인죄로 기소되었다.

2013년 7월, 짐머만은 모든 혐의에서 무죄 판결을 받았다. 그렇게 다시 사건이 끝나는 듯 보였지만, 저항은 끝나지 않았다. 짐머

만에게 무죄 선고가 내려진 저녁에 앨리샤 가르자Alicia Garza는 켈리포니아 주 오클랜드 시내에 있는 한 술집에 있었다. 그녀는 페이스북에 "나는 당신을 사랑합니다. 나는 우리를 사랑합니다. 우리의 생명은 소중합니다"라는 포스트를 남겼다(그녀는 이후에 "흑인들에게 바치는 사랑의 문구"라는 포스팅 제목을 달았다). 그녀의 친구인 패트리쎄 쿨러스Patrisse Cullors는 가르자의 포스트에 '흑인의 생명은 소중하다(#blacklivesmatter)'라는 해시태그를 달아 이글을 공유했다.

그들의 저항은 그렇게 시작됐다. 가르자와 쿨러스, 그리고 그들의 또 다른 친구인 오팔 토메티Opal Tometi는 '흑인의 생명은 소중하다'라는 소셜미디어 계정을 만들었고, 이 계정 이름은 이후 정치적 구호로 사용되었다. 그로부터 1년 뒤인 2014년 8월 미주리 주의

▼ 2016년 7월 9일 미국 루이지애나 주의 배턴루지. 펜실베니아에서 온 간호사 아이샤 에반스Ieshia Evans가 '흑인의 생명은 소중하다' 시위 현장에서 무장 경찰들을 위압하고 있다. 그녀는 체포된 후에 "(배턴루지에서 일어난 시위가) 나의 눈을 뜨게 해주었다… 나는 그동안 잠들어 있었고, 지금에서야 비로소 깨어났다"고 말했다.

퍼거슨 시에서 흉기를 소지하지 않은 열여덟 살 소년 마이클 브라운Michael Brown이 경찰 총에 맞고 사망하는 사건이 일어났다. 그에 대한 저항으로 퍼거슨 시에서 대규모 시위가 일어났고, 시위는 폭력적으로 진압되었다. 1년 전 오클랜드에서 페이스북 포스트에 적은 '흑인의 생명은 소중하다'라는 문구가 시위 구호로 외쳐졌다. 하지만 마이클 브라운은 무고하게 죽은 다른 많은 흑인 피해자들 중 하나일 뿐이었다. 시카고에서 열일곱 살 흑인 소년 라콴 맥도날드Laquan McDonald가 경찰이 쏜 총에 맞고 숨졌다. 오하이오 주의 클리블랜드에서는 열두 살 소년 타미르 라이스Tamir Rice가 장난감 총을 가지고 놀다가 경찰의 총에 맞아 숨졌다. 또 메릴랜드 주의 볼티모어에서는 스물다섯 살 흑인 청년 프레디 그레이Freddie Gray가 경찰차에서 척추가 끊어져 사망하는 사건이 벌어졌다. 그런 일은 여러 차례 반복되었다. 『워싱턴 포스트Washington Post』는 흉기를 소지하지 않은 흑인 남성이 같은 조건의 백인 남성보다 경찰의 총격으로 사망할 확률이 7배나 높다고 추산하였다.

'흑인의 생명은 소중하다' 캠페인은 이런 일련의 사건들과 함께 미국 전역에 있는 수백만 명의 미국인들을 자극했다. 퍼거슨 시의회는 이미 저항에 부딪힌 경찰과 법원에 대한 조사에 동의한다고 밝혔다. 숨을 거둔 마이클 브라운의 아버지는 시장에게 "(시의회의 결정은) 아름답고 좋은 생각이다"라고 말했다. 시카고와 클리블랜드에서는 유권자들이 경찰의 살인행위에 조치를 취하지 않은 검사들을 내쫓았다. 경찰관은 기소되었고, 경찰 서장은 해고되었다. 흑인 시인 랭스턴 휴스Langston Hughes가 90년 전에 쓴 것처럼 "나(흑인-역자) 역시 미국인이다."

수녀와 혁명

페르디난도 마르코스Ferdinand Marcos 대통령이 집권한 필리핀은 비폭력 저항이 성공할 수 있다고 상상할 수 있는 장소가 아니었다. 미국 정부를 등에 업은 마르코스 정권은 반정부인사들을 고문하고 살해했다. 야당지도자 베니그노 아키노Benigno Aquino 상원의원이 1983년에 망명지에서 마닐라로 돌아와 공항에 도착하자마자 바로 암살당했다. 마르코스와 그의 부인 이멜다Imelda는 '마닐라의 맥베스 부부'로 불렸다. 비폭력을 지지하는 일부 사람들조차 마르코스 집권하에서는 어떤 행동도 가능하지 않기 때문에(그것이 분명하기 때문에) 무장봉기가 필요하다고 주장하였다. 하지만 그런 주장과 배치되는 일이 벌어졌다.

1986년 2월 치러진 조기 대선 이후에 선거관리자들이 부정선거 증거를 폭로했다. 수백만 명의 사람들이 아키노 의원의 미망인인 코라손 아키노Corazon Aquino 후보의 당선을 주장하며 거리로 쏟아져 나왔다.

수녀들은 목숨을 걸고 시위를 진압하려는 탱크 앞에 무릎을 꿇었다. 그녀들의 이런 용기는 변화를 위한 비폭력 저항의 구심점이 되었다. 마르코스는 그에 대한 확고한 지지가 무너진 상황에서도 낙관적인 이야기를 했다. 그는 "나는 우리가 더 이상은 안 된다고 생각한다면 이런 반란을 완전히 제압할 모든 힘을 가지고 있다. 이 말은 허세가 아니다… (계속 저항한다면) 피를 보게 될 것이다" 라고 말했다.

CORY
AQUI

하지만 결국 마르코스의 이 말은 허세처럼 보이게 되었다. 대선으로부터 18일이 지난 1986년 2월 25일에 마르코스는 궁전 발코니로 나가 그를 지지하는 소수 군중들 앞에서 슬픈 사랑의 노래를 부르고 있는 그의 부인 옆에 섰다. 이멜다가 부른 슬픈 사랑의 노래는 〈당신 때문에Because of You〉였다. 그 후 마르코스와 이멜다는 하와이로 떠났다.

코라손 아키노가 대통령이 되었다. 그녀는 '필리핀 대중이 탱크가 다가오는 길에 무릎을 꿇고, 그들을 진압하려는 전투 병력을 어떻게 우정으로 감싸안았는지'에 대해 묘사했다. 그러면서 아키노 대통령은 "치욕감에서 최고의 자부심을 느끼는 단계로 스스로 도약한 필리핀 대중은 세계 전역을 놀라게 했다"고 말하였다.

◀ 1986년 2월 필리핀 마닐라. 포르페리아 오카리자 수녀와 테레시타 부리아스 수녀가 탱크를 멈추려는 군중들 맨 앞에서 무릎을 꿇고 있다. 테레시타 수녀는 이후에 "그것은 성말 대단한 기적이었다"고 말했다.

거울로 비춰주기

2013년 말부터 2014년 초까지 거대한 군중이 우크라이나의 수도 키예프 중심가에 모였다. 시위는 빅토르 야누코비치Viktor Yanukovych 대통령이 모스크바의 압박을 받고 정한 방침을 바꾸기 위해 시작되었다. 야누코비치는 우크라이나와 유럽연합 사이에 더 긴밀한 유대 관계를 맺기 위해 체결된 협력 협정을 백지화하려고 했다. 유럽연합과의 협력을 지지하는 시위는 야누코비치의 통치 자체에 대한 저항으로 빠르게 번져갔다. 경찰 기동대는 키예프 중심에 있는 마이단 광장Maidan Square에 모인 시위대에게 무제한적인 폭력을 가할 태세를 갖추고 있었다. 시위가 끝나기 전에 80명이 넘는 사람들이 목숨을 잃었다.

하지만 폭력 진압이 시작된 이후에도 우크라이나 사람들의 창의성과 패기는 수그러들지 않았다. 여성들은 시위 진압용 방패를 들고 있는 경찰들이 자신의 모습을 비춰 볼 수 있도록 거울을 들었다. 경찰들은 자신의 누이나 엄마, 할머니처럼 보이는 여성들과 직접적으로 눈을 마주치는 것을 피하려고 하였다. 카테리나 막심Kateryna Maksym은 "처음에는 긴장되고 조금 두려웠다. 하지만 거울을 들면 거울에 모습이 비치기 때문에 상대방은 긍정적인 에너지를 보여야 한다"고 말했다.

유럽연합과의 연대를 지지하는 마이단 시위에서 수십 명이 폭력적 충돌로 사망한 다음 날인 2014년 2월 21일에 수많은 경찰들이 시위대 쪽으로 전향하였다. 아마 그들은 시위자들이 든 거울에 비친 자신의 모습이 싫었던 것 같다.

그날 늦은 저녁, 야누코비치는 러시아로 떠났다. 군중은 어안이 벙벙하여 지하 권투장부터 개인 동물원까지 모든 것이 갖춰져 있는 그의 호화로운 맨션 주변을 맴돌았다. 야누코비치에게는 경찰의 전향이 마지막 결정타가 되었다.

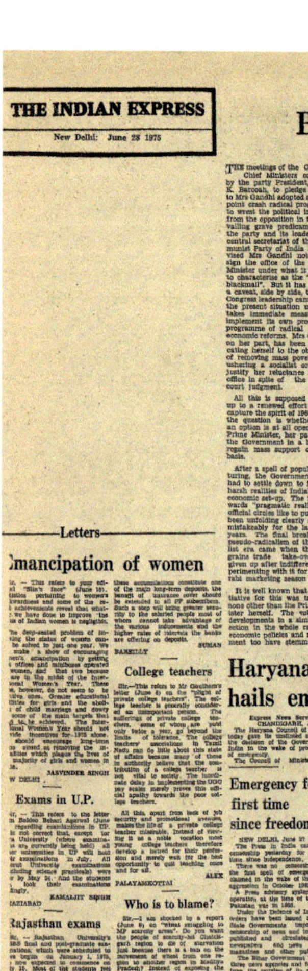

인디라 간디Indira Gandhi 총리의 국가 비상사태 선포와 광범위한 검열제의 도입 이후 발간된 1975년 6월 28일자 『인디안 익스프레스Indian Express』 신문. 이 신문에 실린 공란은 인도에서 발행된 가장 강력한 사설 중 하나가 되었다.

진실을 듣게 하기

권력을 쥔 사람들은 종종 어떤 진실을 듣지 못하게 하기 위해 상당한 노력을 기울인다. 이와 마찬가지로, 진실에 귀 기울이는 사람들은 반드시 진실을 밝히기 위해 엄청난 위험을 감수한다.

대개 검열을 피해 진실을 말하는 것은 문제가 된다, 또는 정부가 읽히길 원하지 않는다는 것을 사람들에게 상기시키기 위해 큰 공란을 신문에 내보내는 것도 문제가 된다. 20세기 초 오스만 제국에서는 만화가들이 어떤 한 만화로 검열관의 승인을 받은 후 그 만화를 지우고 다른 만화로 대체하는 속임수를 썼는데, 이런 속임수는 한 세기 뒤에 미얀마에서도 일부 사용되었다.

불편한 진실, 가령 기후변화(국제사회의 지도자들이 듣고 싶어 하지 않는 경우)나 기업에 작용한 외압(기업 자체가 외압받은 사실을 숨기려 할 경우), 살인집단(그들에 대한 비판으로 위험에 처하게 되는 경우)에 대한 진실이 크게 들릴 수 있게 하는 것은 어려운 문제다. 우리가 미래에 대한 교훈을 배울 수 있도록 어떤 범죄가 확실히 기억될 수 있게 하는 경우도 있다. 이 모든 경우에 바로 진실이 문제가 된다.

색깔로 말하기

1962년에 군부가 버마에 집권하여 국명을 미얀마로 바꾸고, 반세기 동안 미얀마를 철권통치했다. 1988년 일어난 민주화 시위로 수천 명이 목숨을 잃었다. 버마의 영웅인 아웅 산Aung San의 딸 아웅 산 수 지Aung San Suu Kyi가 이끄는 당이 1990년 선거에서 승리하였다. 하지만 이에 대한 대가로 그녀는 거의 20여 년에 걸친 가택연금 조치를 받았다.

▲ 버마의 한 스포츠신문은 아웅 산 수 지의 석방을 요구하지 못하게 한 당국의 검열을 피하기 위해 독창적인 속임수를 썼다.

이때는 분명 어두운 시기였지만, 버마 사람들은 또 다른 미래에 대한 희망을 놓지 않았다. 2007년에 불교 승려들이 '샤프론혁명Saffron Revolution'으로 알려지게 된 대규모 거리 시위를 이끌었다. 스스로를 국가평화발전위원회State Peace and Development Council라고 칭한 군부가 시위를 폭력적으로 진압했다. 평화도 발전도 없었다.

상황의 변화가 필요했다. 2010년, 아웅 산 수 지가 가택연금에서 풀려났다. 이것은 미얀마에서 일어난 가장 극적인 반전이었고, 전 세계적으로 1면 기사를 장식했다. 하지만 정부는 그녀의 가택연금 해제가 주목받는 것을 마뜩잖게 생각했는데, 이는 군부의 미래에 영향을 미칠 수 있었기 때문이다. 정부는 이 일이 마치 일상적인 일인 것처럼 신문 1면이 아닌 속 지면에 실리도록 신문사들을 압박했다.

미얀마의 한 스포츠신문은 독창적인 속임수로 이런 검열을 피해갔다. 이 신문의 1면인 '최고의 11인First Eleven'은 잉글랜드 축구경기 결과를 보여주는 헤드라인들을 신는 코너였다. 검열 담당부는 이 1면 기사의 흑백 사본을 받아봤고, 별다른 수정사항 없이 이 기사 게재를 승인했다. 검열관의 생각에 따르자면, 주간 축구경기 결과를 단순히 요약해놓은 다음과 같은 헤드라인에 논쟁의 소지가 있을 리 없었기 때문이다. 'Sunderland Freeze Chelsea, United Stunned by Villa, & Arsenal Advance to Grab Their Hope.'(선 덜랜드 첼시를 얼어붙게 하다, 유나이티드 빌라에 깜짝 놀라, 아스날 그들의 희망을 잡기 위해 나아가다.)

◀ 2010년 11월 13일 미얀마. 버마의 야당 지도자 아웅 산 수지가 거의 20여 년의 걸친 가택연금에서 풀려났다.

그러나 다음 날 뉴스 가판대에는 전혀 다른 내용의 1면 기사가 실린 스포츠신문이 놓여 있었다. 컬러프린트 된 1면 기사에서 색깔이 다른 일부 철자는 완전히 다른 메시지를 전하고 있었다. 'Su [Aung San Suu Kyi] … Free … Unite … & … Advance … to Grab the … Hope.'(자유를 찾은 아웅 산 수 지, 버마 사람들과 연합해 희망을 잡기 위해 나아가다.) 당시 많은 버마 사람들은 정확히 이런 방향으로 나아가고 있었다.

장군들은 격분했고, 버마 시민들은 환호했다. 그 신문의 출판물 간행은 유예되었지만, 상황은 되돌릴 수 없었다. 군부는 이 헤드라인으로 타격을 받게 되었다. 그 신문의 인쇄본은 모두 팔려 나갔다. 이 무례한 헤드라인은 미얀마 전역에서 일어난 수많은 시위들에 힘입어 민주주의를 향한 더 많은 진전을 이끌어냈다.

25년 만에 치러진 2015년 총선에서 아웅 산 수 지가 이끄는 당이 다수당이 되었고, 2016년에는 아웅 산 수 지의 친구이자 지지자인 틴 쩌Htin Kyaw가 대통령이 되었다. 반세기 넘게 지속되어온 군부 독재는 마침내 그렇게 종식되었다.

수압에 견디기

인간에 의한 기후변화는 지구상에서 가장 큰 위험이다. 만약 이런 변화가 확인되지 않은 채 방치된다면, 그 위험은 유엔의 기후변화 대응 보고서에 나온 것처럼 '더 심각해지고, 곳곳에 만연하며, 되돌릴 수 없는 지경에 빠져버릴 것'이다. 이런 사실은 잘 알려져 있다. 하지만 이런 위험성에도 불구라고 정치인들은 적극적인 행동에 나서길 꺼리거나, 다른 사람에게 책임을 떠넘기는 데 열을 올리고 있다.

기후변화에 가장 큰 영향을 받는 것은 세계 도처에 있는 작은 섬에 거주하는 사람들일 것이다. 인도양에 있는 몰디브는 해수면보다 불과 몇 피트밖에 더 올라와 있지 않은 섬이다. 그런 섬들은 해수면이 상승하면 없어질 위험에 처해 있다.

▲ 2009년 8월에 몰디브의 대통령 모하메드 나시드는 그의 주장을 관철시키기 위해 물속으로 들어갔다.

환경 및 인권운동가였던 모하메드 나시드Mohammed Nasheed는 2008년 몰디브에서 처음 실시된 다당제 선거에서 대통령으로 선출되었다. 그는 세계 각국의 지도자들이 이런 기후변화의 문제를 다루지 않으려 하는 것에 맞서고자 하였다. 그래서 나시드는 정부 각료회의를 스쿠버 다이빙 장비를 착용하고 물속으로 들어가 진행하기로 결정했다. 장관들은 처음으로 천천히 숨쉬는 훈련을 받은 뒤, 해저에서 30분의 시간을 보냈다. 그들은 화이트보드와 수신호를 이용해서 서로 대화를 나눴다. 각료회의가 끝나고 나시드는 기자회견을 열었다. 그 자리에서 그는 "만약 몰디브가 살아남지 못한다면, 세계의 다른 지역들도 살아남을 기회가 별로 없을 것으로 보인다"고 말하였다.

나시드는 현재 몰디브의 대통령이 아니다. 그는 자신이 총으로 위협을 받아 2012년에 대통령직을 사임했다고 주장하였다. 2015년에 그는 '테러'로 유죄 판결을 받았고, 공판에서 형을 선고받아 수감되었다. (2016년에 그는 영국에서 정치적 망명을 허가받았다.)

하지만 나시드가 주최한 수중 회의는 다른 많은 시위들의 조력을 받아 그가 바라던 영향력을 발휘하기 시작했다. 온실가스 감축 협정을 촉구하는 200만 장의 청원서가 반기문 유엔총장에게 전달되었고, 2015년에 파리 기후협약이 새롭게 맺어졌다. 그린피스의 사무총장인 쿠미 나이두Kumi Naidoo는 "지금까지 기후변화에 대응하는 수레바퀴는 천천히 돌았지만, 파리 협약이 이를 바꿔놓았다"고 말하였다.

바나나 소송사건

주머니가 두둑한 사람들과 수임료가 비싼 변호사들은 돈을 충분히 퍼부으면 상대를 침묵시킬 수 있다고 생각하는 경향이 있다. 하지만 대개 그런 방식은 효과가 없는데, 최근 밝혀진 세계 최대 규모의 과일 기업 돌Dole사의 사례에서도 이를 확인할 수 있다.

스웨덴 영화감독인 프레드릭 게르텐Fredrik Gertten과 그의 동료들은 2009년에 다큐멘터리 영화 〈바나나스Bananas!*〉를 개봉했는데, 그 다큐멘터리는 나카라과의 바나나농장에서 일하는 열두 명의 노동자들과 그들을 대신해 법정 싸움을 벌이는 한 변호사에 대한 이야기를 담고 있다. 바나나농장 노동자들은 살충제 사용으로 건강 상태가 악화됐다는 혐의를 제기하며 돌사에게 소송을 건 상태였다. 그 영화는 로스앤젤레스 영화제에서 경쟁 부문작으로 선정됐다. 하지만 그때부터 이상한 일이 벌어지기 시작했다. 갑자기 돌사가 그 영화는 '허위 사실'을 유포하고 있기 때문에 상영이 중단되어야 한다고 주장하기 시작한 것이다. (돌사 측은 당시 그 영화를 보지도 않았다.)

『LA 비즈니스 저널Los Angeles Business Journa』은 게르텐 감독이 영화 내용의 진위 여부를 확인하지도 않고 영화를 만들어 고소되었다고 쓰면서, 이 기사에 '대실수'라는 헤드라인을 달아 1면에 게재했다. (그 기사를 쓴 기자는 〈바나나스!*〉를 보지도 않았을뿐더러 그 이야기를 쓰기 전에 감독과 이야기를 나눈 적도 없다.) 영화제 주최자들은 돌사의 압력에 굴복하여 〈바나나스!*〉를 경쟁 부문작에서 제외시켰다.

법적 공방이 시작도 되기 전에 게르텐 감독이 진 것 같았다. 돌사의 부사장인 마이클 카터Michael Carter는 스웨덴 신문에 "(게르텐과) 싸우겠습니다. 그는 분명 질 것입니다"라는 입장을 밝혔다. 하지만 게르텐이 이런 전반의 과정(소송, 협박, 덮어씌우기식 홍보의 계속된 과정)을 몇 주, 몇 달에 걸쳐 다시 영화로 찍으면서 영화 제작자들이 행사한 무력이 도리어 그들이 가진 힘으로 작용하기 시작했다.

돌사의 홍보팀은 니체의 "나쁜 평판보다는 양심의 가책에 대응하는 것이 훨씬 쉽다"라는 말을 인용했다. 하지만 게르텐에 대한 평판을 나쁘게 만드려는 돌사의 시도는 오히려 역효과를 내기 시작했다. 돌사는 스웨덴 국회의원들에게 '허위이고, 명예를 훼손하고, 무책임한' 게르텐의 영화에 대해 엄중히 대응하라는 경고글

을 보냈다. 스웨덴 사람들은 이에 크게 영향을 받지 않았다. 그 후 스웨덴 국회에서는 〈바나나스!*〉 상연회를 열었는데 많은 사람들이 참석했다. 그리고 그 자리에서 영화를 본 두 하원의원(한 의원은 사회민주당, 다른 한 의원은 중앙당 소속이었다)은 돌사 측에게 그들이 200여 년에 걸친 스웨덴 언론의 전통을 '잘 모르고 있는 것 같다'는 의견을 전달했다. 그리고 그들은 돌사가 영화에 대한 진지한 토론에 참여해보는 것이 좋을 것 같다는 제안도 했다. 결국 돌사는 물러섰다. 그들은 게르텐이 영화의 일부분을 삭제하기만 하면 소송을 취하할 것이라는 뜻을 전달했다. 그러나 게르텐은 이에 응하지 않았다. 마침내 법적 공방이 시작된 지 18개월이 지난 2010년 11월에 로스앤젤레스 법원은 〈바나나스!*〉의 '자세한 검토' 결과 돌사의 주장이 틀렸다고 판결하였다. 돌사는 법무 비용으로 든 20만 달러를 지불하라는 선고를 받았다.

〈바나나스!*〉는 80개국에서 상연되었고, 세계 곳곳에서 상을 받았다. 스웨덴에서는 돌사에 대한 혐오감으로 공정무역 바나나의 판매가 무려 6배나 증가했다. 한편 기나긴 법적 공방 기간 동안 돌사가 게르텐 감독에게 침묵하도록 압박한 과정을 다룬 그의 새로운 다큐멘터리 〈바나나 소송사건, 그 이후Big Boys Gone Bananas!*〉가 2012년 개봉했다. 어떤 한 비평가는 이 영화에 대해 "기업 홍보가 그렇게까지 사악하고 바보같이 보인 적이 없었다"고 평가했다.

빈 의자 놓기

**'침묵은 괴롭히는 자를 격려할 뿐,
괴롭힘을 당하는 자를 절대 격려하지 않는다.'**

엘리 비젤Elie Wiesel

보스니아 전쟁은 1992년부터 1995년까지 3년간 지속되었다. 보스니아의 수도 사라예보는 그동안 대부분 포위되어 있었다. 보스니아에서 수만 명의 시민들이 목숨을 잃었고, 인종 청소와 강간, 집단학살로 고통을 받았다.

당시 나는 세르비아 출신 지도자들을 인터뷰하는 이상한 경험을 하였다. 내가 세르비아 지도자이자 이 전쟁의 주동자인 슬로보단 밀로셰비치에게 전범재판소에 가게 될 것 같은지를 묻자, 그는 매우 깜짝 놀라며 자신은 '평화를 위해' 일했다고 설명했다. 세르

▲ 2012년 4월 보스니아 사라예보. 11,541개의 빨간 의자들은 20여 년 전 시작한 3년에 걸친 사라예보 포위공격에서 사망한 희생자들을 하나하나 추모하기 위해 놓여졌다.

비아계 지도자인 라도반 카라지치Radovan Karadžić는 사라예보가 매일매일 겪는 죽음의 현실을 부인하면서 나에게 사라예보 주변에는 저격수가 없다고 확언하였다.

기본적인 사실은 지나치게 자주 잊힌다. 인간 역시 마찬가지다. 하지만 사라예보 사람들은 인간과 진실을 모두 잊지 않기로 굳게 결의하였다. 전쟁 20주년 기념행사가 열린 2012년, 11,541개의 빨간 의자가 사라예보 중심가를 따라 800개의 대열로 놓여졌다. 길이가 무려 반 마일에 달했다. 의자 중에는 643개의 작은 의자도 있었는데, 이는 당시 목숨을 잃은 아이들을 상징했다.

전쟁 전후 시기에는 밀로셰비치와 카라지치의 자화자찬이 당연한 것처럼 보였다. 그들이 이에 대한 책임을 지게 될 것이라고는 예상할 수 없었다. 하지만 정의는 인내할 수 있다. 보스니아 전쟁이 끝난 지 6년이 지난 2001년에 밀로셰비치는 헤이그에 설치된 구 유고슬라비아 국제형사재판소로 이송돼 감옥 안에서 숨을 거뒀다. 그리고 체포를 피해 도주하여 수년간 대체의학 및 '인간 양자론' 전문가로 위장해 살던 카라지치는 2008년 체포되었다. 그는 2016년에 인권 유린 및 대량학살 협의에 대해 유죄 판결을 받고, 40년 형을 선고받았다.

배신자에서 영웅으로

1954년부터 1962년까지 지속된 알제리의 독립전쟁 중에는 프랑스군의 고문이 일상적으로 이루어졌다. 고문을 자행했던 한 프랑스 낙하산병은 당시 상황을 다음과 같이 회상했다 "우리는 매일 마룻바닥에서 들려오는 울부짖음을 들었다. 그 소리는 동물들이 서서히 죽어갈 때 내는 울음소리 같았다. 때때로 나는 그런 울부짖음을 여전히 듣는 것 같다." 용의자들은 대개 고문을 받다 죽었다. 자크 마쉬Jacques Massu 장군은 "당시 정말 고문이 이뤄졌습니까?"라는 질문에 대해 "그렇다고밖에 대답할 수 없습니다… 나는 그렇게 말하는 것이 두렵지 않습니다"라고 진술했다.

전해진 바에 따르면 고문은 전부 안보 상황을 개선하기 위해 행해진 것이었는데, 이런 프랑스 측 주장은 21세기 초에 미국 관료들이 '더 이상 기본 원칙이 적용되지 않는다'고 주장한 것과 매우 유사하다. CIA 대테러 대책본부장 코퍼 블랙Cofer Black은 "9·11 테러 이후 싸움은 시작되었다"고 말한 바 있다. 그의 이런 발언은 바그다드에 있는 아부그라이브 교도소Abu Ghraib prison에서 행해진 고문과 관련되어 있었다.

알제리에서 한 남성이 스스로 '추잡한 음모'라고 부른 고문에 대한 침묵을 깨고 입을 열었다. 그는 바로 2차 세계대전에서 보인 용맹성으로 훈장을 받은 바 있는 프랑스의 젊은 장군 자크 파리데 볼라디에Jacques Pâris de Bollardière였다. 그는 자신이 계속 보아온 것과 그의 동료들이 열성적으로 고문을 옹호하는 것에 신물이 났다. 그는 1957년에 복역하던 군부대에서 나가길 요청했다. 그는 공개적으로 "우리가 즉각적인 효율성이라는 그릇된 구실하에 도덕적

▶ 자크 파리 데
볼라디에 장군. 그는
고문에 반대하는
목소리를 냈다가 고통을
받았다. 하지만 지금은
그의 이런 상부에 대한
저항이 도덕적 용기라는
찬사를 받고 있다.

가치관을 잃게 되면 끔찍한 위험이 발생할 것이다"라고 경고했다. 하지만 그것은 프랑스 정부가 듣길 원하는 말이 아니었다. 볼라디에는 요새에서 60일 동안 구금됐다. 반면 자크 마쉬 장군은 승진하였다.

볼라디에가 죽고 20년이 지난 뒤, 프랑스는 마침내 그의 공적을 인정하기 시작했다. 파리에 있는 한 광장에 그의 이름이 붙여졌다. 알제리 전쟁 당시에는 비판받고 처벌받던 그의 용기가 이제는 도덕적 용기라는 찬사를 받았다. 반면에 미국에서는 어두운 때에도 진실코자 했던 사람, 가령 관타나모 만을 비롯한 여러 지역들에서 고문이 허가되는 것에 반대했던 알베르토 모라Alberto Mora 장군 같은 사람이 아직도 당연히 받아야 할 공식적 인정을 받지 못하고 있다.

거짓말 까발리기

**'정부의 권위는, 비록 내가 기꺼이 순종하려는 정부의
권위일지라도 아직까지는 순수하지 못하다… 엄정하게 말하면,
정부는 피통치자의 허락과 동의를 받아야 한다.'**

헨리 데이비드 소로Henry David Thoreau

　　에드워드 스노든Edward Snowden의 배경에는 급진적인 점이 하나도 없다. 그의 할아버지는 해군 소장이었고, 아버지는 해경이었다. 정평 난 IT 귀재라고 불리며 CIA 정보분석원으로 활동하기 전에는 이라크 전쟁에 참여하기 위해 자원입대를 신청하기도 했다.

　　하지만 그는 2013년에 역사상 가장 중요한 내부고발자가 되었다. 그는 영국의 조력하에 자행된 미국 정부의 전면적 감시를 폭로하기 위해 위험을 무릅썼다. 그는 통신 감청이 얼마나 통제할 수 없는 수준으로 일어나고 있는지를 세계에 보여주었다.

　　스노든은 미국 국가정보국 국장 제임스 클래퍼James Clapper가 국회에서 거짓 증언을 하는 모습을 보았을 때 폭로를 결심했다. 미국 정부가 수백 혹은 수억 명의 미국인들에 대한 정보를 수집했는가를 묻는 질문에 대해 클래퍼 국장은 "아니오. 아는 바가 없습니다"라고 대답했다. 그 질문에 진실하게 대답했다면, 그 답변은 "예. 그렇습니다"였어야 했다. 스노든은 클래퍼의 거짓말이 '전복된 민주주의의 증거'라고 주장했다. 그는 1849년 출간된 헨리 데이비드 소로의 『시민 불복종Civil Disobedience』에 동의를 표하면서 "만약 피통치자에게 알려지지 않은 진실이 있다면, 그때의 동의는 진정한 피통치자의 동의라고 할 수 없다"는 결론을 내렸다.

스노든은 런던 및 세계 각지 『가디언』지에 미국 정부가 자행한 불법 통신 도청에 대해 폭로했다. 그의 위험을 무릅쓴 이런 용기에 여러 상들이 주어졌다. 유럽의회는 그에게 알 권리를 지킨 내부 고발자이자 인권옹호자라는 찬사를 보냈다. 하지만 기밀 유지를 위해 시민의 사생활을 짓밟길 원하는 사람들은 스노든을 그렇게 보지 않았다. 스노든의 여권은 그가 비행기를 타고 홍콩에서 라틴 아메리카로 이동하는 중에 정지되었고, 이 때문에 그는 환승지인 모스크바에 발이 묶이고 말았다. 그리고 그가 부재한 사이 미국 정부는 그를 간첩 혐의로 기소했다.

한편 영국 정부는 『가디언』에 스노든이 건네준 모든 파일 사본을 없애라고 요구했다. 정보국 관계자들은 앵글 그라인더와 전기 드릴을 가지고 와서 『가디언』 신문사에 있는 컴퓨터 해체 작업을 3시간 동안 지휘하였다. 『가디언』 편집자들이 이미 지적한 것처럼,

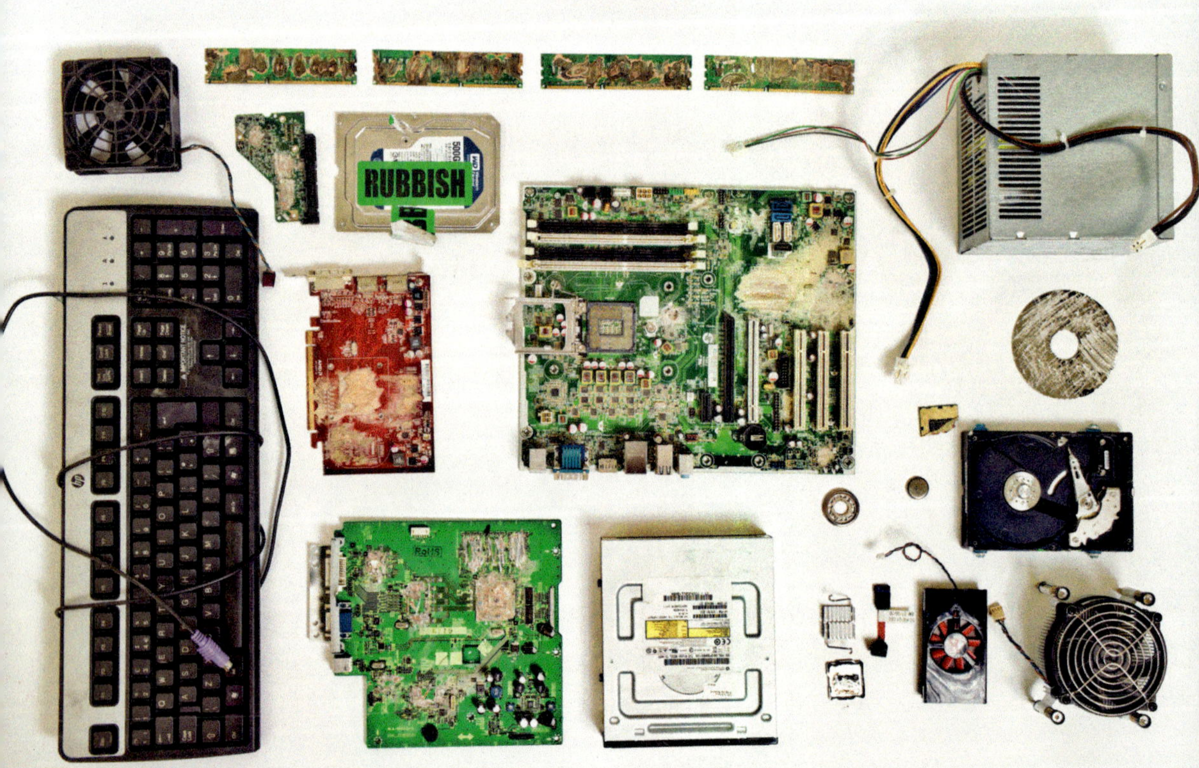

폭로 내용이 담긴 기사는 미국에서 여전히 열람되고 간행될 수 있었다. 하지만 영국 당국은 마치 인터넷의 존재를 잊어버리기라도 한 듯이 그들의 이런 의례적 절차를 끝까지 완수하려 했다. 한 칼럼니스트가 강조한 것처럼, 컴퓨터 하드 드라이브의 이런 의례적 피괴는 '인터넷 시대에 자행된 가장 기이한 국가 검열 행위'였다.

미국 정부 역시 융통성이 없었다. 『뉴욕타임스』는 오바마 대통령이 그들의 보좌관들에게 '미국 정부에 대한 스노든의 비방을 끝낼 수 있고, 스노든이 다시 미국으로 돌아올 수 있게 하는 방법'을 찾으라고 지시 내려야 한다는 입장을 밝혔다. 하지만 그런 일은 일어나지 않았다.

스노든에게는 후회가 없다. 그는 "나는 필요하다고 생각한 일을 했기 때문에 후회가 없다. 내가 한 폭로는 정당한 일이었기 때문에 앞으로도 후회하지 않을 것이다"라는 입장을 밝혔다.

모든 악조건에 맞서기

쿠데타가 성공하리라고 생각하는 데에는 다 이유가 있다…

거리에 있는 사람들의 분개는 아무 쓸모가 없다.

(1991년 8월 21일, 『가디언』, 칼럼니스트 에드워드 피어스Edward pearce)

회의적 태도는 많은 측면에서 바람직하고 가치 있다. 우리는 우리 자신의 행동과 태도에 의문을 제기할 수 있어야 한다. 또한 다른 사람들의 동기와 행동에도 의문을 제기할 수 있어야 한다. 하지만 스스로를 '현실주의자'로 자처하는 사람들은 때때로 성취할 수 있는 변화를 지나치게 과소평가하고, 변화에 따르는 위험을 감수하는 사람들을 무시하는 데 열을 올린다.

소비에트 강경 쿠데타를 분석하면서 모스크바 거리에서 일어난 저항이 '아무 쓸모가 없다'고 판단한 위와 같은 한 저널리스트의 경멸적 평가는 잘못된 것으로 입증되었다. 대중 시위에 의한 쿠데타의 실패는 그런 경멸적 분석이 『가디언』에 실린 그날 바로 입증되었다. 내가 6개월 전 쓴 기사에서 강조한 바 있듯이 사실상 커져가는 대중의 분노는 '크렘린이 더 이상 뚜껑을 닫을 수 없다'는

▲ 1991년 8월 러시아 모스크바. 소비에트 비밀경찰의 설립자인 펠릭스 제르진스키Felix Dzerzhinsky의 동상은 단 3일간 지속된 강경 쿠데타의 실패 이후 시위자들에게 전복당했다.

것을 의미했다. 러시아의 한 시사평론가가 당시 기술한 것처럼 "지난 육년 동안 수백, 수천 개의 병들이 열렸는데, 병에서 나온 정령들을 다시 병 속으로 불러들이거나 봉인할 수 없었다."

하지만 회의주의는 국민의 정서가 적절치 않다고 생각하는 사람들 사이에 널리 퍼져 있다. 정치인들은 대개 '안정성'이 깨지지 않기를 바란다. 하지만 권위주의가 횡행하는 상황에서의 '안정성'은 대개 결코 안정되지 않는다. 인권은 안정성을 가져오지만, 억압은 안정성을 파괴한다.

실종에 대한 대항

1976년에 군사정권이 아르헨티나에 집권했다. '더러운 전쟁'(공식적으로는 국가 재건 과정)으로 알려진 시기 동안에 수만 명의 사람들이 '실종자'가 되었다. 당시 실종자는 죽음을 의미하는 새로운 명사가 되었다. 납치된 많은 사람들이 비행기에서 바다로 버려졌다. 가족들은 그들의 사랑하는 사람이 어디에 있는지 '알 수 없다'는 이야기만을 들었다.

1977년 4월 30일에 열네 명의 여성들이 부에노스아이레스의 대통령궁 근처에 있는 5월 광장Plaza de Mayo에 모여 변화를 촉구했다. 그들은 거리나 집에서 치안군에 의해 납치된 그들의 아이들에 관한 정보를 알고자 했다.

처음에 여성들은 무시당했다. 하지만 그들과 함께한 사람들은 나라를 바꾸는 데 기여하였다. 매주 목요일 오후 3시 30분에 여성들은 함께 모였고, 몇 달이 지날수록 사람들의 수는 점점 더 많아졌다. 경찰은 그들에게 '돌아가라circulate'거나 자리를 비키라고 요구했다. 그래서 그들은 경찰의 말대로 광장 주변을 천천히 돌았다. 경찰은 그녀들을 '미친 여자las locas'로 취급했다. 이런 시위를 했던 여성들 중 한 명인 아이다 데 수아레즈Aida de Suarez는 이후에 "우리는 그들과 직접 맞서기 위해 거리로 나갔다. 우리는 미쳤다. 하지만 그것만이 제정신을 유지할 수 있는 유일한 길이었다"고 말했다.

'5월 광장의 어머니회Mothers of the Plaza de Mayo'는 끌려가 고문을 당했다. 아주세나 빌라플로르Azucena Villaflor 같은 몇몇 사람들은 납치되어 살해당했다. 하지만 어머니회는 꾸준히 자신들의 시위를 이어갔다. 데 수아레즈는 "당국은 아주세나를 납치하고 우리 14명의 어머니회를 납치하면 우리의 운동을 파괴할 수 있다고 생각했다. 그들은 이것이 오히려 우리의 결단을 강하게 만든다는 것을 전혀 알지 못했다"고 말했다. 매주 수백 명이 시위에 참가했다. 여성들은 머리에 하얀 스카프를 두르고, 사랑하는 사람의 이름을 적어 손에 들었다. 어머니회가 세계적으로 인정받게 되자, 군사정권은 그들을 더 이상 미쳤다고만 간주할 수 없게 되었다. 어머니회는 '그들의 자녀만큼이나 반국가적'이라는 찬사 어린 평가를 받게 되었다.

1983년에 군사정권은 결국 문민정부로 바뀌었지만, '5월 광장의 어머니회와 할머니회'는 정의 구현을 위한 캠페인을 계속 이어나갔다. 2005년에 아주세라 빌라플로르의 유해가 5월 광장에 안치되었다. 2011년에는 군사정권의 가장 두려운 존재 중 하나이자 빌라플로르와 다른 여러 사람들의 납치에 직접적 책임이 있던 알프레도 아스티즈Alfredo Astiz 장교가 종신형을 받았다. 군사정부의 지도자들도 수감되었다. 마침내 그렇게 정의는 실현되었다.

'5월 광장 할머니회'에서 활동하던 에스텔라 데 카를로토Estela de Carlotto는 그녀의 딸 로라Laura가 감금되어 있을 때 낳아 딸이 살해된 후 빼앗긴 자신의 생면부지 손자를 찾고 있었다. 카를로토 할머니는 언젠가 자신의 손자를 찾게 될 것이라고 믿었다. 그것은 불가능해 보였다. 하지만 2014년에 그녀는 자신의 손자 이그나시오Ignacio를 찾았다. 이는 그녀가 36년 동안이나 기다려온 순간이었다.

'5월 광장 어머니회'는 1977년부터
'실종'된 자녀들에 대한 진실을
공개적으로 요구하며 아르헨티나
군사정권에 계속 저항하였다.

인간띠 잇기

1989년에 평화적 시위가 동유럽 전역의 일당 독재를 종식시켰다. 소비에트 연방에서는 그간 변화가 거의 이루어지지 않았었다. 불의에 대한 거짓말이 지난 반세기가량 이어져왔다.

1939년 맺어진 몰로토브-리벤트로프 조약(독일제국과 소련연방이 체결한 불가침조약-역자)하에 히틀러와 스탈린은 동유럽의 상당 부분을 분할 통치하였다. 히틀러는 폴란드의 대부분을 차지했고, 발트3국(에스토니아, 라트비아, 리투아니아)을 모스크바에 넘겼다. 1945년 이후 히틀러의 군대가 러시아에서 축출되었지만, 그 영토 합병은 전혀 바뀌지 않았다. 1940년대 동안 수십만 명의 발트 사람들이 시베리아와 여타 지역으로 강제 추방되었다.

하지만 발트 사람들은 이런 독립의 좌절을 받아들이지 않았다. 그들은 1988년부터 적극적으로 그들의 목소리를 내기 시작했다. 에스토니아 노래 축제에서 부른 합창이 변화를 가져오는 데 기여하였는데, 이는 이후 발트국가의 '노래혁명'으로 알려졌다. 하지만 정부는 큰 경기장에서 금지된 노래를 부른 그 수많은 사람들을 일일이 다 체포할 수 없었다.

1989년에 발트3국 사람들은 역사의 진실을, 즉 스탈린이 어떻게 그들의 주권을 빼앗았고, 얼마나 많은 사람들이 이 때문에 추방당하거나 죽임을 당했는지에 대해 말해야 한다고 결정했다. 독-소 협약 50주년 기념일에 인구의 3분의 1에 해당하는 200만 명의 사람들이 발트3국을 잇는 400마일 인간띠 잇기 행사에 참여했다. 크렘린(소비에트)에서는 "그들은 자신이 깊은 구렁텅이에 처박히게 될 것임을 알아야 한다"고 으름장을 놓았다.

발트 사람들은 물러서지 않았다. 대신에 그들은 오랜 시간 동안 잃어버린 그들의 주권을 다시 주장했다. 내가 탱크가 들어올 가능성에 대해 물었을 때, 한 에스토니아 지도자는 어떤 강력한 탄압도 용이 죽기 전 쉬는 마지막 숨일 뿐이라고 말하였는데, 이 말은 이후에 정확히 들어맞았다.

1991년 1월에 러시아는 장기에 걸친 대대적인 탄압에 들어갔다. 소련군은 리투아니아 국회를 지키는 시위자들을 죽였다. 인접한 라트비아에서는 러시아의 극심한 폭력이 가해지길 기다리며 라트비아 공산당이 대중의 목숨을 위협하고 있었다.

라트비아의 수도 리가Riga에 있는 대성당 밖에서 나는 브라스 밴드 연주에 맞춰 경쾌하게 왈츠를 추고 있는 프리비테Privite와 수

▲ 1989년 8월 23일 에스토니아. 200만 명의 사람들이 400마일 인간띠 잇기에 참여하였다. 그들은 진실과 주권 회복을 요구하였다.

목 관리인인 그녀의 남편과 대화를 나눴다. 의사와 간호사들은 사상자들을 기다리며 성당의 한쪽 구석에 만들어놓은 수술실에 앉아 있었다. 프리비테는 나에게 "우리 자녀들은 모두 다 컸어요. 그리고 나 자신에 대해서는 두려운 것이 없습니다. 내가 왜 두려워해야 하죠?"라고 말했다. 67세의 청소부 리아Lia 역시 "우리 가족은 모두 시베리아로 보내졌어요. 지금으로선 상황이 좋지 않을 거예요. 하지만 나는 우리가 독립할 거라고 생각해요. 비록 나는 죽더라도 나의 자녀들이 그것을 볼 수 있기를 바랍니다"라고 힘차게 말했다.

7개월 뒤에 벌어진 라트비아 공산당 강경파의 쿠데타 실패는 소련 자체의 붕괴를 촉발시켰다. 발트3국은 그들의 주권을 되찾았고, 역사적 진실에 대해서도 자유롭게 말할 수 있게 되었다. 거대한 인간띠 잇기에 참여한 프리비테와 리아를 비롯하여 수백만 명의 사람들은 행동을 통해 이런 변화를 이뤄내는 역할을 하였다.

이발과 독재자

'우리는 이집트 정부가 안정적이라고 평가한다.'

2011년 1월 25일, 힐러리 클린턴 미 국무장관

힐러리 클린턴Hillary Clinton은 2009년 인터뷰에서 "나는 무바라크 대통령과 영부인이 진심으로 우리 가족과 친구가 될 수 있다고 생각한다"고 말했다. 이집트에서 자행되는 인권 침해에 압박이 가해지고 있을 때, 그녀는 이런 불편한 진실에 관해 말하는 것을 꺼렸다. "우리 모두에게는 개선의 여지가 있다"라는 말은 미 국무장관이 이를 인정할 준비가 되어 있다는 것을 보여주는 것임에 다름 아니었다. 수백만 명의 이집트 사람들은 클린턴의 이런 응답(사실상 '아무도 완벽하지 않다!'라는 응답)이 장기간에 걸친 무바라크의 부패하고 악랄한 통치 현실을 전혀 반영하지 못한다고 생각했다.

1년 뒤 이집트 보안군이 카이로 인터넷 카페에서 거리로 끌어내 구타해 죽인 스물여덟 살 칼레드 사이드Khaled Said의 살인사건은 거대한 대중의 분노를 샀다. 시체 안치소에서 찍힌 그의 심하게 망가진 얼굴 사진이 사람들 사이에 널리 퍼져 충격을 주었다. 구글 마케팅 이사인 와엘 고님Wael Ghonim은 익명으로 '우리가 칼레드 사이드다'라는 페이스북 그룹을 개설했는데, 수십만 명의 회원이 이 그룹에 가입했다. 그리고 이 그룹은 7개월 뒤인 2011년 1월 25일에 카이로와 이집트 전역에서 반정부 시위를 일으키는 역할을 했다.

그 이후에도 정부의 폭력으로 800명이 넘는 사람들이 죽고 수천 명이 다쳤지만, 타흐리르 광장과 그 외 지역에 모인 시위자들은 평화를 유지했다. 공대 학생인 라미 에삼Ramy Essam은 〈물러나라!〉라는 노래를 작곡했는데, 이 곡은 곧 광장의 노래가 되었다.

물러나라, 물러나라, 물러나라!
그는 물러날 것이다. 왜냐하면 우리가 물러나지 않을 것이기 때문이다.

이집트 사람들은 익살스럽게 그 노래의 '물러나라!'라는 모티브를 따와서 시위에 사용했다. 한 남성은 자신의 가정 상황을 무바

▲ 2011년 2월 11일 이집트 카이로. 시위자들의 용기와 음악, 그리고 익살이 이날이 오도록 도왔다.

라크가 떠나야 할 긴박한 상황과 연결시켜 "제발 물러나세요. 난 최근에 결혼했어요. 아내가 그립습니다"라는 현수막을 들었다. 덥수룩한 머리의 시위자는 "제발 물러나세요. 난 이발을 해야 돼요"라고 외쳤다. 또 다른 남성은 팔을 높이 뻗어 계속 현수막을 들고 있었는데, 그 현수막에는 "제발 물러나세요. 내 팔이 너무 아파요"라고 적혀 있었다.

2월 10일, 무바라크 대통령은 대통령직에서 물러나지 않고 책임을 '계속 떠맡겠다'고 발표했다. 이집트 국민들의 분노는 더욱 커져만 갔다. 2011년 2월 11일 저녁 6시를 막 지났을 무렵, 부통령은 결국 무바라크가 물러나기로 결정했다는 입장을 발표했다. 대대적으로 시위가 일어난 지 18일째였다. 타흐리르 광장에서는 축제가 벌어졌다. 민중의 노래인 〈자유의 소리〉가 울려 퍼졌다.

우리는 모든 경계를 부쉈다.
우리의 무기는 우리의 꿈이다.

비인간적 살인에 저항하는 랩

2011년 튀니지와 중동 지역에서 일어난 혁명에서 음악은 중요한 역할을 했다. 튀니지의 래퍼 엘 제네랄El General이 부른 〈국가의 대가리Rais Lebled〉라는 곡('이봐 대통령, 당신의 국민은 죽었어/국민들이 쓰레기통을 뒤져서 먹고 있어/당신의 나라에서 일어나고 있는 일들을 봐봐')은 튀니지와 이집트 시위자들 사이에서 히트를 쳤다.

23년 동안 대통령으로 집권한 자네 알-아비디네 벤 알리Zine al-Abidine Ben Ali가 2011년 사우디아라비아로 달아났을 때, 그의 이런 퇴각과 뒤이어 실시된 민주주의 선거는 새로운 시대의 기틀을 마련하는 것처럼 보였다. 하지만 튀니지의 이런 재건 시도에도 불구하고, 새롭게 발생한 폭력 사태는 튀니지의 발전을 어렵게 만들었다. 2015년에 두 차례의 공격이 가해졌는데, 이 공격으로 튀니스에 있는 바르도 국립박물관에서 22명, 수스 해변리조트에서 38명이 사망했다. 소위 이슬람국가(IS)라고 불리는(ISIS, ISIL, Daesh라 불

▲ 튀니지에서 독재 종식을 도운 엘 제네랄부터 오늘날 일어나고 있는 이슬람 국가에 대한 대항까지 랩 음악이 중요한 역할을 하였다.

▲ 이슬람 국가가 수도로 선언한 시리아 동쪽의 라카.

리기도 한다) 살인집단이 두 잔혹행위가 자신들의 소행이라고 밝혔다.

과거에 부패 정권에 맞서는 중요한 역할을 한 랩 음악은 이제 IS와 알카에다의 잔악성에도 도전하고 있다. 'DJ 코스타'로 불리는 메흐디 아카리Mehdi Akkari는 자신의 남동생이 시리아 테러 단체에 가입하기 위해 떠난 이후 다른 젊은이들이 그런 행보를 걷지 않길 바라는 마음에서 다에시Daesh에 대항하는 노래를 불렀다.

그들은 너의 심장과 너의 감정을 잡아먹지
그들은 고문당하고 있는 형제들을 지지한다고 말하지
너가 죽음과 가까워지는 매순간이 낙원으로 향하는 발걸음이라고 말하지
(DJ Costa, <세뇌Brainwashing> 중에서)

그러면서 그는 '생각해봐, 왜 그들이 너를 뒤쫓지?'라고 노래한다. DJ 코스타는 반복적으로 위협을 받았고, 명확한 암살 시도에서도 살아남았다. 하지만 그는 멈추지 않을 것이라고 단언한다. "테러리즘은 나의 적이다. 민중을 옹호하지 않는 래퍼는 래퍼가 아니다."

이 지역 전역에서는 사람들이 IS에 저항하기 위해 엄청난 위험을 감수한다. '라카가 조용히 살육당하고 있다Raqqa Is Being Slaughtered Silently'라는 단체에서 활동하는 시민 저널리스트들은 시리아 동부에 위치한 IS의 수도 내에서 이루어지는 냉혹한 현실에 대해 기술했다. 그들 중 한 명이 지적한 것처럼 라카라는 마을은 원래 '세계에 있는 여느 도시들처럼 평범한 도시'였다. '라카가 조용히 살육당하고 있다' 단체에 소속된 회원들은 놀라울 정도로 위험한 환경에서 일하지만, 이에 개의치 않고 꾸준히 활동하고 있다.

한편 레바논의 수도 베이루트에서 활동하는 그레이트 디파티드 밴드Great Departed band는 다에시를 조롱하고 이들에게 대항하기 위해 다음과 같은 가사를 담은 어두운 풍자곡을 노래한다. "그리고 이슬람은 자비롭기 때문에 짐승을 도살해 고기를 나눠줄 거야. 그리고 이슬람은 교통량을 줄일 필요가 있기 때문에 인간을 날려버릴 거야."

위와 같은 활동들이 위험하다는 것은 자명하다. '라카가 조용히 살육당하고 있다' 단체에서 활동하는 한 회원은 "우리는 우리가 계속 살아 있다는 사실 그 자체로 IS에 타격을 주고 있다"고 말했다. 이들을 비롯한 그 지역 사람들은 IS에 계속 맞서지 않을 수 없다. 왜냐하면 IS에 대한 두려움이 라카에서 활동하는 사람들의 용기로 인해 시리아와 이라크, 그리고 세계 전역의 도시에서 과거의 것이 되어야만 그들은 미래를 기대하고 희망을 품을 수 있기 때문이다.

다스 베이더가 세상을 구하다

지난 20년 동안 국제앰네스티와 옥스팜Oxfam, 그리고 세계 전역의 여러 단체들은 잔혹한 행위를 목적으로 무기를 사용하는 이들에게 무기 판매를 금지하는 세계 무기 거래 조약을 위한 캠페인을 벌여왔다. 하지만 세계 방위 산업의 규모가 연간 1천억 달러에 달하기 때문에 각국 정부는 이에 열성적이지 않았다.

인권운동가들이 이 아이디어를 처음에 발표했을 때, 각 정부에서는 이를 '공상적'이라고 평가했다. 공무원들은 "절대 성공할 수 없을 겁니다"라고 말하였다. 하지만 수년간 수백만 명의 사람들이 이런 변화를 요구하였다. 개인과 대중의 행동을 통해, 기존 매체 및 뉴미디어를 통해, 그리고 조용한 혹은 메가폰 외교를 통해 넘을 수 없을 것 같던 장벽이 점차 무너졌다. 막바지에 이르러 운동

가들은 몇몇 놀라운 협력자들을 발견했다.

2012년 6월의 어느 날, 어두운 유리창의 긴 리무진이 벨기에의 총기 제작회사인 FN 에르스탈의 공장 밖에 다가와 섰다. 에르스탈 공장에서는 리무진 기사에게 차에 탄 사장님이 이곳에서 총을 살 수 있다고 확인해주었다. 하지만 그때 차에 타고 있던 사장이 직접 차에서 내렸다.

차에서 내린 건 다스 베이더Darth Vader였다. 그러자 에르스탈 측에서는 갑자기 입장을 바꿔 "그는 아니에요. 안 됩니다. 우리는 당신에게 무기를 팔지 않을 겁니다. 경찰을 부를 거예요!"라고 외쳤다.

조커Joker가 무기를 사기 위해 자신의 스포츠카를 타고 프랑스의 다소Dassault 항공에 들러 거절당한 이야기도 이와 유사하다. 조커는 못 믿겠다는 듯이 "하지만 당신네 회사에서는 모든 사람들에게 무기를 팔고, 그 무기를 어디다 쓸 건지 묻지 않잖아. 그런데 왜 나는 무기를 살 수 없다는 거야?"라고 묻는다. 조커 자신이 지적했듯이 사실 그의 자격("나는 나쁜 놈이야!")은 훌륭했다.

국제앰네스티가 찍고 구성한 두 영상의 주인공들은 하나의 명확한 진실을 강조한다. 즉, 더 이상 폭압 정권에 합법적으로 무기를 팔지 않으려면, 새로운 무기 판매 규정이 필요하다는 것이다. 왜 다스 베이더와 조커는 무기를 살 수 없는 악당인 것인가? (이에 대한 새로운 규정이 필요하다.-역자)

이 캠페인 영상은 공직자들에게 당혹감을 주었고, 변화에 가속도가 붙게 만들었다. 악인들의 방문으로부터 일 년이 지난 뒤, UN에서 무기 거래 조약이 채택되었다. 그 조약에 서명한 국가들이 조약사항을 준수할 수 있도록 설득하는 것이 다음으로 중요한 단계이다. 이를 위해서 다스 베이더와 조커가 여전히 필요할지 모른다.

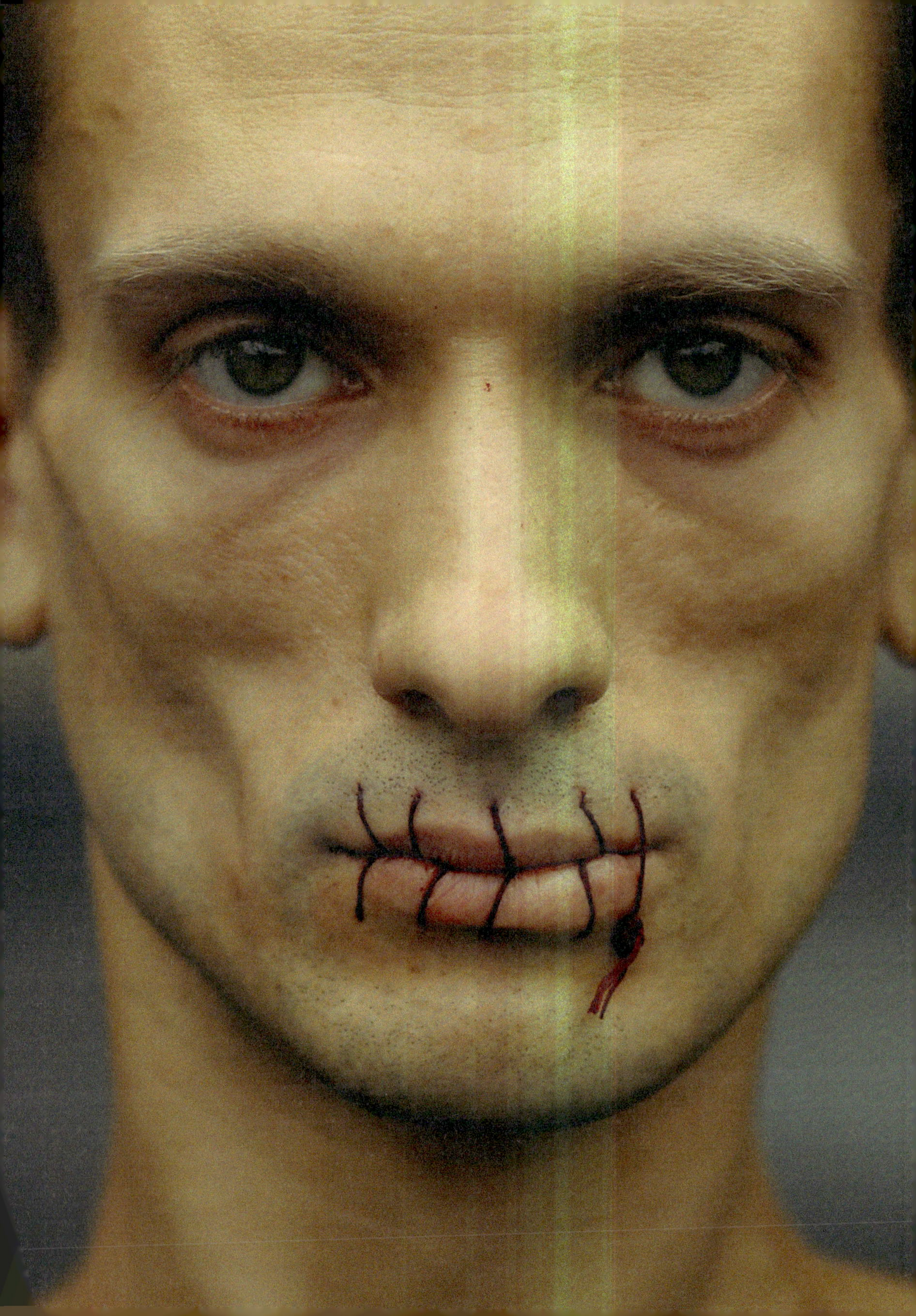

예술과 저항

세계 전역에서 예술, 연극, 음악, 영화는 권위에 도전하여 많은 결실을 맺었다.

연극은 진실을 직접적으로 말할 수 없는 곳에서조차 익살맞게 현실에 대해 말할 수 있는 확실한 가능성을 제공한다. 그리고 연극의 이런 가능성은 현대 연극에만 국한되는 것이 아니다. 〈햄릿〉과 〈맥베스〉 같은 400여 년이 지난 작품들도 밀고자와 쿠데타, 정치적 살인 같은 위험할 정도로 현실과 맞닿아 있는 주제들을 다루기 때문에, 이런 고전작품의 상연도 자주 검열관의 분노를 사곤 한다.

음악 역시 반항의 기회가 많은 영역이다. 1973년 칠레에서는 군사정권이 가수 빅토르 하라Víctor Jara의 음악이 미치는 영향을 의식하고 이를 응징하기 위해 그를 살해했다. 하라와 다른 많은 사람들이 죽은 경기장에는 지금 그의 이름이 붙여졌다.

시각 및 행위예술 역시 예술가들에게 실제적 위협이 가해질 정도로 권위에 도전한다. 영화는 검열관을 따돌리고 완곡하지만 뚜렷한 방법으로 숨은 메시지를 전달한다. 만화가들은 진실을 말하

◀ 2012년 러시아, '스티치'. 반정부적 행위예술 때문에 여러 차례 체포된 바 있는 표트르 파블렌스키Petr Pavlensky는, 푸틴 정부를 비난하는 퍼포먼스를 했다는 이유로 체포된 여성 펑크 밴드 푸시 라이엇Pussy Riot을 지지하기 위해 굳게 다문 자신의 입을 실로 꿰맸다.

는 대가가 무엇이든 간에 그들 주변 현실에 대해 진실을 말한다.

　정부가 예술가들을 탄압하는 것은 그들 작품에 대한 간접적 찬사로 간주될 수 있다. 예술은 정치적이지도, 그렇다고 비정치적이지도 않다. 예술은 삶 그 자체다. 예술은 우리를 지배하거나 지배하지 않는 모든 것들을 아우른다.

저항하는 게들

중국 당국은 종종 예술가 아이 웨이웨이의 저항 행동에 불만을 품었다. 2010년 11월, 중국 정부는 상하이에 지은 아이 웨이웨이의 새 스튜디오를 강제 철거하라고 지시했는데, 그들은 원래 스튜디오 건립을 독려하고 이를 승인하였으나 갑자기 건축이 계획된 절차를 따르지 않았다고 주장하였다. 아이 웨이웨이는 이에 대항하여 정부의 강제 철거를 '축하하는' 파티를 열겠다고 통보했다.

아이 웨이웨이의 파티 참석을 막기 위해 정부는 그를 (다시) 가택연금시켰고, 파티는 열릴 수 없을 것 같았다. 하지만 그의 불참에도 불구하고, 수백 명의 사람들이 파티에 참석했다. 긴 식탁에서 성찬이 베풀어졌는데, 메뉴로 만 개의 민물 게가 차려졌다.

민물 게는 중국의 진미였지만, 아이 웨이웨이가 손님들에게 민물 게를 대접한 것은 그의 언어유희에서 나온 정치적 의미 또한 담고 있었다. 중국말로 '민물 게'는 '조화'라는 말과 발음(허 시에-역자)이 같다. 하지만 중국 정부가 말하는 조화라는 것은 곧 검열이었다. 민물 게가 대접되자 연회에 참석한 사람들은 "조화사회를 위하여, 민물 게를 먹어치우자!"라고 외쳤다.

한 손님은 민물 게와 검열의 오버랩이 정부 당국에게 딜레마가 되었다고 지적하였다. "중국에서 민물 게가 금지된 음식이 되겠는가? 그리고 이 진미를 소비하는 것이 곧 정부에 대항한다는 의미를 가질 수 있겠는가?" 아이 웨이웨이는 자신의 스튜디오 철거에 대해 3,000개의 도자기 게를 만드는 예술적 작업으로 대응했다. 이를 통해 중국 정부의 조화주의와 검열은 서로 중화되었고, 예술 작품으로 계속 남게 되었다.

삶을 바꾸는 포옹

　프란시스코 프랑코Francisco Franco 장군(공식 명칭: 신의 은총을 받은 스페인의 지도자)은 36년간의 독재 통치 끝에 1975년 82세의 나이로 세상을 떠났다. 하지만 독재자의 죽음 이후에도 스페인은 즉각적으로 민주주의를 성취하지 못하였다. 프랑코의 지지자들은 여전히 강력했고, 현재의 억압적 상태를 계속 유지하기 위해 폭력을 행사할 준비도 되어 있었다. 이런 때에 하나의 그림이 스페인이 성취한 민주화 과정을 상징하게 되었다.

▲ 1976년 스페인.
후안 헤노베스가
정치범들의 자유를
요구하며 그린 그림
<아브라소>
('포옹'이라는 뜻)

1976년, 민주주의위원회Democratic Committee는 화가 후안 헤노베스Juan Genovés에게 정치범의 자유를 요구하는 포스터를 주문 제작하였다. 헤노베스는 〈아브라소El Abrazo〉라는 작품을 그렸다('아브라소'는 '포옹'이라는 뜻으로, 남자들과 여자들이 오랜 이별 끝에 서로 즐겁게 껴안는 모습을 묘사하였다). 헤노베스가 이 그림을 그리자, 정부는 그가 강렬한 이미지를 만들었다는 이유로 체포하였다. 스페인 정부는 25,000부의 복사본을 모두 폐기하라고 지시했다. 헤노베스는 결국 구속되었다. 그는 이후에 "그런 시대를 살지 않은 사람들에게는 사람들이 서로 포옹하는 그림을 그렸다는 이유로 구속된다는 것이 상상할 수 없는 일일 것이다. 하지만 당시에는 그런 일이 일어났다"고 말하였다.

정부의 억압에도 불구하고, 스페인의 민주화는 계속 진행되었다. 헤노베스의 그림은 1977년 1월 마드리드의 아토차 거리Atocha Street에서 발생한 사건으로 끔찍한 명성을 얻게 되었다. 반공산주의 연맹Anti-Communist Alliance에 소속된 무장 괴한들이 변호사 모임에 난입하였는데, 괴한들은 그들이 찾는 남자를 발견하지 못하자 모임에 참석한 변호사들을 벽에 세우고 총으로 쏘았다. 다섯 명이 죽고, 네 명 이상의 사람들이 부상을 입었다. 벽에 걸려 있던 헤노베스의 〈아브라소〉 그림에 살해당한 사람들의 피가 튀어 얼룩졌다.

이 치명적인 공격이 구체제에 충성하는 사람들의 최후가 되었다. 10만 명의 사람들이 변호사들의 장례식에 참석했다. 아토차 학살이 일어난 지 두 달 뒤에, 다당제 선거를 이끈 새로운 법안이 1936년 이후 처음으로 통과되었다. 헤노베스의 포옹 포스터는 50만 부가 인쇄되었고, 그 판매 수익금은 국제앰네스티의 스페인 지부를 건립하는 데에 사용되었다.

〈아브라소〉 그림은 세계로 퍼져 나갔다. 특히 이 그림은 1970년

대부터 1980년대까지 군부 독재와 강제 실종으로 고통받아온 라틴아메리카에 많은 영향을 주었다. 그림이 그려진 지 40년 후인 2016년에 〈아브라소〉는 '길잡이이자 영감을 주는 그림'이라는 찬사를 받으며 스페인 의회에 영구적으로 전시되었다. 헤노베스는 "이 그림은 더 이상 나의 것이 아니다. 이 그림은 이제 전 세계 모든 사람들의 것이다"라는 말을 덧붙였다.

화려한 색깔의 저항

2012년 1월 20일, 여덟 명의 여성이 모스크바의 크렘린 성벽 바로 바깥에 있는 붉은 광장의 석조연단에 올라섰다. 그녀들은 허공으로 주먹을 날리면서 반국가적 노래를 불렀다. 노랫말에는 "너의 자유/시민의 분노를 그들에게 보여줘"나 "푸틴이 바지에 오줌을 싸게 러시아에서 반란을 일으키자"와 같은 가사들이 담겨 있었다. 경찰은 화려한 색깔의 발라클라바 모자와 옷을 입은 무리를 재빨리 끌고 갔다(그녀들은 '세상에 즐거움을 가져오기 위해 고안된' 화려한 색깔의 의복을 입었다). 하지만 경찰의 이런 저지에도 불구하고, 푸시 라이엇Pussy Riot은 이미 전 세계에 그녀들의 이름을 널리 알렸다.

　　푸시 라이엇은 다양한 공연을 하기 위해 멤버 구성을 다채롭게 했지만, 그룹 성원 모두는 블라디미르 푸틴Vladimir Putin 대통령이 집권한 러시아의 발전에 분노하고 있었다. 푸시 라이엇은 그다음 달에 모스크바 구세주 성당에서 게릴라 공연을 열었다. 그녀들은 이 〈펑크 프레이어Punk Prayer〉 공연에서 "성모님, 푸틴을 몰아내주소서!"라고 노래하였다.

　　나데즈다 톨로코니코바Nadezhda Tolokonnikova와 마리아 앨료키나Maria Alyokhina, 예카테리나 사무츠에비치Yekaterina Samutsevich는 체포되어 '종교적 증오에 기반한 난동죄'로 기소되었다. 하지만 많은 여성들은 이 멤버들이 단지 종교와 국가정치의 부적절한 관계에 대해 시위한 것이라고 주장하였다. 그들은 푸시 라이엇의 시위를 러시아의 역사라는 큰 맥락에서 이해하고 있었다.

▼ 푸시 라이엇의 멤버인 나데즈다 톨로코니코바가 법정에서 "마리아와 예카테리나, 그리고 나는 감옥에 있을지도 모르지만, 나는 우리가 패배했다고 생각하지 않는다"고 말하고 있다.

나데즈다 톨로코니코바는 시베리아 강제 노동수용소에서 오랜 세월을 보낸 소설가 알렉산드르 솔제니친Alexander Solzhenitsyn의 "말이 돌(콘크리트)을 부술 것이다"라는 구절을 인용했다. 이 구절은 명백히 변화가 불가능한 조건 속에서도 변화의 가능성을 말하고 있다. 그녀는 법정에서 "마리아와 예카테리나, 그리고 나는 감옥에 있을지도 모르지만, 나는 우리가 패배했다고 생각하지 않는다. (소비에트 시대의) 반체제 인사들이 패배하지 않았던 것처럼 말이다… 우리가 감옥에 갇혀 있더라도 진실은 매일매일 승리를 거둘 것이다"라고 말하였다.

푸시 라이엇의 이 세 멤버는 2년 동안 수감되었다. 러시아 정부는 그녀들의 석방에 대한 국제적 압박을 받았고, 결국 2014년 러시아 동계올림픽 이전에 그녀들을 석방했다. 오늘날에도 그녀들은 러시아 교도소 내에서 발생하는 학대문제를 포함한 인권문제를 계속 부각시키는 운동을 전개하고 있다.

영화 아닌 영화와 금붕어

**'모든 것은 숨겨져 있다. 감독과 관객, 그리고 검열관 사이의
게임이 우리에게 영화의 장을 만들어준다.'**

안제이 바이다Andrzej Wajda, 폴란드 영화감독

영화는 대개 크든 작든 관객에게 금지된 진실을 전달하는 방법
을 모색한다. 가령, 동유럽의 공산주의 시대와 최근 활동하고 있
는 이란의 자파르 파나히Jafar Panahi 감독의 영화를 보면 이를 잘 알
수 있다.

2010년에 파나히는 그의 예술이 미치는 영향력에 대한 왜곡된
찬사로 징역 6년형을 선고받았고, 20년간 영화 연출 자격을 박탈
당했다. 그의 즉각적 범행('선동죄')은 2009년 폭력적으로 진압된,
선거 직후 발생한 이란의 거대한 민주 시위를 다룬 영화를 찍으면

▼ 2009년 6월 이란
테헤란. 영화감독
자파르 파나히는 수백만
명의 이란인들이 변화를
요구한 2009년 시위를
영화로 만들었다는
죄목으로 체포되었다.

서부터 시작되었다. 파나히는 그의 석방에 대한 국제적 압박에 의
해 보석으로 풀려날 때까지 이란의 악명 높은 에빈 교도소Evin Prison
에서 3개월을 보냈다.

대부분의 사람들은 그와 같은 경험을 하면 자신의 다음 행보
를 매우 조심하게 된다. 하지만 파나히는 마치 아무 일도 일어나
지 않았던 것처럼 자신의 일을 이어나갔다. 그의 다음 프로젝트는
'이것은 영화가 아니다'라는 콘셉트로 영화를 찍는 것이었다(파나
히의 영화 제작은 금지되어 있었기 때문에 영화로는 상영할 수 없
었다). 이렇게 찍은 영화(혹은 비영화)는 케이크 안에 숨긴 플래시
드라이버에 담겨 2011년 칸 영화제로 밀반입되었다.

그의 영화 제작이 여전히 금지되어 있었고, 다시 감옥으로 보
내질 위험하에 있던(그의 항소는 기각되었다) 2015년에 파나히는
<택시Taxi Tehran>라는 작품을 발표했는데, 이는 그가 택시를 몰며 이
란의 수도 테헤란을 돌아다닌 이야기를 담은 로드멘터리였다.

<택시>는 약간 반항적이면서도 부분적으로는 코믹한 80분짜리
작품으로, 파나히의 택시를 탄 승객들에게서 보고 들은 이야기를
영상에 담았다. 승객들은 사형제도와 불법 DVD 판매 문제부터 금
붕어의 삶과 죽음에 이르기까지 다양한 주제에 걸쳐 파나히와 이

야기를 나눈다. 택시의 승객이자 이 작품의 스타이기도 한 파나히의 열 살 난 조카 하나Hana는 그녀의 선생님이 말한 '추악한 리얼리즘'에 대해 물어보는데, 이는 '유통될 수 있는' 이란 영화에는 담길 수 없는 금지된 사항들(남녀 간 접촉, 폭력적 장면, 정치적이고 경제적인 문제 등-역자) 중 하나에 속했다. 하나의 삼촌이 파나히는 이에 대해 "그들에게는 보이고 싶지 않은 현실이 있다는 걸 말한단다"라고 설명한다. 하나는 이런 삼촌의 말에 "보여주길 원하지 않지만, 현실 자체가 그렇다면요? 도대체 무슨 말인지… 전 이해가 안 가요"라고 답한다.

또 다른 승객 중 하나는 파나히와 다른 인권운동가들을 변호한 인권변호사 나스린 소투데Nasrin Sotoudeh였다. 그녀는 이런 자신의 일 때문에 구속된 적도 있었다. 그녀는 파나히에게 빨간 장미 한 송이를 건네면서 다음과 같이 말한 뒤 택시에서 내린다. "이 장미를 영화인들에게 바칩니다. 왜냐하면 영화인들은 믿을 수 있으니까요."

천 마디 말과 같은 만화

'그들은 나의 책을 금지하고, 만화를 금지할 수 있어도 나의 정신만은 금지할 수 없다.'

주나르Zunar, 말레이시아 만화가

힐러리 클린턴 미 국무장관은 바사르 알 아사드Bashar al-Assad 시리아 대통령을 '개혁가'라고 평가했다. 토니 블레어Tony Blair 영국 총리는 그에게 명예기사 작위를 수여하는 것을 검토했다. 시리아 사람들에게는 위험이 더욱 가시화되었다.

만화가 알리 페르잣Ali Ferzat은 그의 말레이시아 동료 주나르와 같이 자신의 예술을 이용해 불쾌한 진실을 말한다면 위험에 처하게 된다는 것을 알고 있었다. 수십 년 동안 페르잣은 그의 암시적 만화 때문에 어려움에 처했었고, 그런 삶을 통해 명성을 얻었다. 그가 일반적인 독재정권의 문제가 아니라 식별 가능한 독재자 개인을 그리기 시작한 2010년부터 상황은 더욱 어려워졌다. 그가 나중에 밝힌 바 있듯이, 이런 작업은 그를 '공포의 장벽'으로 몰아넣었다.

페르잣은 큰 팔걸이의자 모서리에 걸터앉아 있는 시리아 지도자의 모습을 그렸는데, 이 만평은 〈권력의 의자〉로 알려졌다. 그림에서는 찢어진 커버 사이로 날카로운 스프링이 튀어나와 있다. 페르잣은 이 만평에 대해 "권력의 의자에 제대로 앉는 것이 (아사드의) 엉덩이에 고통을 주기 시작했다"고 요약했다.

페르잣의 이런 무례함은 곧바로 응징을 당했다. 2011년 8월, 복면을 쓴 무장 괴한들이 페르잣을 그의 차에서 끌어내 손가락을 부러뜨리고 그대로 방치해둔 채 가버렸다. 페르잣은 손가락이 부러진 채 도로 한편에 버려졌다.

그런 공격은 페르잣의 만평이 미치는 영향에 대한 정부의 두려움을 나타낸 것이었다. 페르잣은 괴한으로부터 습격을 받은 이후에도 침묵하지 않았다.

그는 국제사회의 무능에 대해서도 "서구는 보지 않고, 듣지 않고, 말하지 않는 세 마리 원숭이의 처세술을 사용해왔다"고 꼬집어 비판했다.

▼ 알리 페르잣이 시리아의 바사르 알 아사드 대통령을 그린 만평 <권력의 의자>. 그는 "권력의 의자에 제대로 앉는 것이 아사드의 엉덩이에 고통을 주기 시작했다"고 만평했다.

사람은 벌레가 아니다

  미국의 드론—네바다 사막에 있는 공군기지에서 흔히 작동하는 원격 조종 살인 기계—은 파키스탄을 비롯한 다른 나라의 많은 민간인들을 죽음으로 몰고 갔다. 여덟 살 소녀 나빌라 레흐만Nabeela Rehman의 할머니인 마마나 비비Mamana Bibi는 2012년 드론의 공격으로 숨졌다. 나빌라는 할머니의 죽음을 목격했다. 나빌라와 할머니는 다음 날 있을 이드 축제Eid celebrations를 준비하기 위해 오크라를 따고 있었다. 나빌라는 국제앰네스티에 "드론이 머리 위로 날 때마다 '다음에는 나인가?' 하고 생각한다"고 말하였다. 수백 명의 아이들이 드론의 공격으로 목숨을 잃었다. 나빌라의 아버지는 "우리는 미국이 드론으로 사람들을 죽이는 것처럼 우리 소도 죽이지 않는다"고 비판했다.

2014년 파키스탄.
들판에 펼쳐져 있는 큰
선전물은 벌레를 죽이듯
사람을 죽이는 드론
조종사들을 비판하기
위해 만들어진 설치
예술이다.

　백악관은 민간인이 드론에 의해 부상당하거나 목숨을 잃지 않을 것이라고 '거의 확신'하였다. 하지만 드론의 공격이 실제 지상에 미친 영향을 분석한 사람들은 백악관과 입장을 달리했다. 인권단체 리프리브Reprieve의 분석에 따르면, 드론의 의도적 살인 대 '부수적 사망' 비율이 25 대 1 수준인 것으로 나타났다. 네바다 사막에 있는 냉방 트레일러에서 컴퓨터 화면으로 어린아이들을 보면 작고 흐릿한 형체로 보인다. 아이들은 '아주 작은 테러리스트'로 기록이 된다. 한 전직 드론 조종사가 『가디언』과의 인터뷰에서 다음과 같이 말한 바 있다. "우리는 개미를 밟고도 별다른 신경을 안 쓰지 않는가? 화면에서 검은 점들로 보이는 것을 목표물로 간주하는 것은 그처럼 통상적인 일이다."

　미군은 드론 공격으로 목숨을 잃은 사람들을 '밟혀서 죽은 벌레'로 묘사하였다. 파키스탄 사람들은 이에 대한 변화를 촉구했다. 2014년에 파키스탄 지역단체들은 국제 예술가 모임과 함께

'사람은 벌레가 아니다#NotABugSplat'라는 캠페인을 벌였다. 상공에서도 쉽게 볼 수 있는 가로 20m, 세로 30m 크기의 커다란 소녀 사진이 들판에 펼쳐졌다. 드론 공격으로 부모와 2명의 형제를 잃은 사진 속 소녀는 홀로 운 좋게 살아남았다. 드론 조종사는 화면에서 익명의 점이 아닌 어린아이의 커다란 얼굴을 보았다.

흐릿한 형체를 얼굴로 보이게 한 이런 캠페인은 변화를 이끌어내는 데에 기여했다. 드론 공격과 이로 인한 민간인 사상자 수가 최근 들어 감소하기 시작했다. 2016년에는 오바마 대통령이 처음으로 민간인 보호를 우선시하는 행정 명령을 발표했다.

위험한 책읽기

　쿠바 예술가 타냐 브루게라Tania Bruguera는 종종 그녀의 예술활동 때문에 곤경에 처하곤 한다. 2009년에 그녀는 쿠바 대중들이 자유롭게 고른 주제에 대해 공개적으로 1분간 연설할 수 있게 한 '타틀린의 속삭임'이라는 행사를 열었다. 쿠바 정부는 국제적으로 보장된 언론의 자유를 피력한 이 행사를 위험한 선동으로 간주하였다. 결국 그들은 브루게라가 연 이 행사를 중단시켰다.

▲ 2015년 5월 쿠바 아바나. 예술가 타냐 브루게라는 한나 아렌트의 『전체주의의 기원』을 초대한 손님들에게 읽어주었다.

2015년 5월, 브루게라는 아바나 비엔날레 기간을 이용해 예술행동주의Artivism를 위한 한나아렌트국제협회Hannah Arendt International Institute를 조직했다. 그녀는 이 협회활동의 일환으로 자신의 아바나 거처에서 100시간 동안 한나 아렌트의 『전체주의의 기원The Origins of Totalitarianism』을 읽는 모임을 열었다. 이 책은 카스트로가 쿠바에 집권하기 이전인 1951년에 출간되었지만, 권위주의 정권들은 이 책에 대한 뿌리 깊은 불신을 갖고 있었고, '전체주의'라는 단어가 들어간 책 제목은 그들을 두려움에 떨게 만들었다. 결국 그녀의 책읽기 모임은 위험한 것으로 간주되었다.

정부 당국은 아렌트의 글, 더 직접적으로는 브루게나의 목소리만 감춰버리면 된다고 결정한 것 같았다. 건설노동자들이 그녀의 창문 밖에서 드릴로 구멍 파는 작업을 하기 시작했다. 귀청이 터질 듯한 소음이 났고, 아무도 브루게라가 아렌트의 책을 읽는 소리를 들을 수 없었다. 하지만 늘 그렇듯이 정부는 핵심을 간과하고 있었다. 어떤 경우든지, 심지어 외부적 방해가 없는 경우조차 매우 소수의 청중만이 아렌트가 기술한 책 내용에 집중할 수 있다. 브루게라가 이 책을 읽어주는 행동 자체가 책 내용만큼이나 의미가 큰 것이었다. 그녀의 창문 밖에 놓인 드릴이 오히려 이를 분명히 입증해주었다.

책읽기 모임이 끝나자 경찰은 그녀를 연행했고, 몇 시간 동안 구금하였다. 검찰의 기소 결정을 기다리는 동안 여권을 압수당한 브루게라는 정부가 혼란에 빠졌다고 주장했다. "정부 당국은 절박하고 두려움에 싸여 있다. 당국은 그들의 행동이 갖는 상징적 의미를 모르고 있다… 그들은 결과를 두려워하지 않고 자신의 생각을 말하는 사람들을 극도로 두려워한다."

**'책과 모든 형태의 글들은 진실을 탄압하려는 사람을
두려움에 떨게 만든다.'**

월레 소잉카Wole Soyinka

위험천만한 대응

　아프가니스탄에서는 여성에 대한 폭력이 일상적인 일이다. 대개 이는 묵과되고 처벌받지 않는다. 행위예술가 쿠브라 카데미 Kubra Khademi는 이런 현실에 도전하고자 했다. 2015년에 카데미는 그녀의 가슴과 배, 엉덩이에 맞는 철갑옷을 금속공에게 주문 제작했다. 그러면서 그녀는 "이것이 남자들이 여성을 보는 전부다"라고 말하였다.

　카데미는 이 철갑옷이 강한 반발에 부딪힐 것을 예상했지만, 반발의 정도가 얼마나 심할지는 가늠할 수 없었다. 그녀는 철갑옷을 입고 행인들의 반응을 촬영하면서 카불 거리를 걸을 계획이었다. 하지만 행인들의 야유와 반발이 너무 심해서 그녀는 계획했던 것보다 짧게 걸을 수밖에 없었다. 그녀는 이 일로 신변마저 위협받게 되었다. 그러나 카데미는 "나는 후회하지 않는다. 예술가는 멈출 수 없다"는 입장을 밝혔다.

　카데미의 거리 행보로부터 몇 주 뒤, 여성 인권문제의 심각성을 더욱 명징하게 보여주는 파르쿤다 말리크자다Farkhunda Malikzada의 살인 사건이 발생했다. 파르쿤다는 코란을 불태웠다는 누명을 써서 성난 군중들에게 무차별적인 구타를 당해 숨졌고, 시신은 불태워져 카불 강에 버려졌다. 수천 명의 아프가니스탄 여성들과 일부 남성들은 파르쿤다의 피투성이가 된 얼굴을 상징하는 붉은 물감을 얼굴에 바른 채 시위에 나섰다. 이들은 파르쿤다의 억울한 죽음에 대한 조치와 더 넓게는 여성 폭행에 대한 금지를 요구했다. 장례는 이슬람 전통을 깨고 여성들이 직접 운구해 치러졌다. 파르쿤다를 지키지 못한 남성들의 운구는 거부되었다.

▶ 2015년 2월 아프가니스탄 카불. 쿠브라 카데미는 철갑옷을 주문 제작해 입고 거리를 걸었다. 이에 대한 행인들의 반발은 매우 심했다.

▶ 27세 여성 파르쿤다가 2015년 3월에 잔인하게 살해된 이후, 아프가니스탄 여성들은 얼굴을 빨갛게 칠하고 정의를 요구하는 시위를 벌였다.

خائن و محاکمه نیرو های پولیس بی
کفایت هستیم!

저항은 계속되었다. 2016년에 〈엑스 팩터〉나 〈아메리칸 아이돌〉과 유사한 TV 가수 선발 대회 〈아프가니스탄 스타Afghan Star〉에 출전한 한 여성이 공개적으로 여성 폭력에 저항했다. 스물세 살의 사하르 아리안Sahar Arian은 피투성이처럼 얼굴을 빨갛게 칠하고 무대에 등장했다. 사하르의 노래는 폭력에 대해 말했다. 그녀는 "나는 파르쿤다에게 일어난 일을 보았다. 나는 나 자신의 분노와 모든 아프가니스탄 여성들의 분노를 노래하고 싶었다"는 소회를 밝혔다.

그녀는 기립박수를 받았지만, 그에 못지않게 살인 협박 또한 받았다. 하지만 그녀는 "나는 사자 굴에 있는 어린 양이었다. 그러나 나는 두렵지 않다"고 말하면서 물러서지 않았다.

و محاکمه نیرو های پولیس ب
کفایت هستیم!

변화를 위한 조롱

'불손함은 자유를 쟁취하는 길이자 이에 대한 유일한 방어책이다.'

마크 트웨인Mark Twain

억압적인 정부는 그들이 도전받고 있다는 것을 알게 됐을 때 정부에 대한 저항을 엄격하게 단속하고 싶어 한다. 그들의 관점에서 보면 이는 간단한 일이다. 이보다 더 복잡한 것은 시민들이 통치자를 조롱할 때이다. 권위주의와 유머감각은 좀처럼 양립하지 않는다. 그래서 시위자들은 유머감각을 통해 우위를 점할 수 있는데, 적어도 그들은 조롱을 통해 통치자나 다른 강자를 비웃을 수 있다(역으로 조롱당한 사람들은 이에 반응할 방법을 거의 찾지 못한다).

심각한 문제도 웃음거리가 될 수 있다는 것을 상기시키는 '웃음행동주의'는 변화의 가망이 없을 것 같은 상황에서조차 승산을 만들어낼 수 있다. 물론 익살과 유머 그 자체는 해결책이 되지 못한다. 하지만 원치 않는 통치자가 정권을 유지하기 위해 필요로 하는 불사不死 이미지를 파괴하는 데 도움이 된다. 폴란드의 시인 스타니수브 바라니자크Stanisław Barańczak가 1978년에 쓴 것처럼 "권위적인 통치자가 가장 두려움이 많은 사람"이라는 점은 결국 밝혀진다.

◀ 2007년 독일 로스토크. G8 국가들의 정상회담장 앞에 서 있는 경찰 기동대와 그들을 조롱하는 보조들.

푸틴 정부와 시베리아 인형

블라디미르 푸틴은 자신이 대통령으로 취임한 해로부터 11년 뒤인 2011년에, 현존하는 법을 독창적으로 재해석하더라도 다시 대통령에 선출되고(삼선) 싶다고 발표하였다. 이는 전례가 없는 일이었다. 많은 러시아인들에게 이는 더 이상 참을 수 없는 일이었는데, 특히 그해 하원 총선에서 여당의 득표율이 실제보다 더 부풀려진 선거조작 증거가 드러나면서 이런 기류는 더욱 심해졌다.* 모스크바와 러시아 전역에서 수십만 명이 시위에 참여했고, 많은 사람들이 연행되었다. 하지만 러시아 당국은 분노한 대중을 두려워하지 않았다.

시베리아 도시 바르나울에서는 테디 베어, 킨더 조이, 사우스파크 인형 등 다양한 장난감들이 시위자들의 대리인이자 시위 대사로서 눈 속에 놓여졌다. 그 장난감들은 "나는 공명선거를 원한다"나 "절도범은 크렘린이 아니라 감옥에 있어야 한다"와 같은 구호를 들고 있었다.

'자유는 늘 다르게 생각하는 사람에게 주어진다.'

로자 룩셈부르크Rosa Luxemburg

2012년 1월 러시아 바르나울.
러시아 정부는 시베리아 눈에 놓인
인형들을 정부에 대한 저항으로
보았다. 그런 행위는 불법으로
규정됐다.

겉으로 보기에 그 인형들은 거의 위협적이지 않았다. 하지만 정부는 그 인형들이 '승인되지 않은 공적 행사'를 대신한다고 간주했다. 그들은 인형들, 특히 '수입된 인형들'은 '러시아 시민이 아니다'라고 강조했다. 인형들의 시위는 금지됐다. 경찰은 인형들이 들고 있는 구호를 수첩에 적었는데 그 모습이 SNS에 공유되었고, 러시아인들은 그 사진을 보고 당국의 피해망상증을 비웃었다. 인형들의 시위를 조직한 류드밀라 알렉산드로바Lyudmila Alexandrova는 이에 대해 "우리는 국민과 벌이는 러시아 정부의 어리석고 우스꽝스러운 싸움을 보여주고 싶었다"는 입장을 밝혔다.

▶ 러시아 경찰은 인형들의 시위에 조치를 취하기 위해 인형들이 든 구호를 면밀히 적었다.

아사드에 대항하는
꼭두각시 인형들

'당신은 웃음을 통해 모든 무서운 것에 대응할 수 있다.'

인형극 <최고의 악당: 작은 독재자의 일기> 제작자, 자밀Jameel

2011년 말 시리아가 이미 폭력의 소용돌이 속에 빠져들었을 때, 용감한 시리아인들은 총을 들지 않고 인형극을 통해 정부에 대항했다.

〈최고의 악당: 작은 독재자의 일기Top Goon: Diaries of a Little Dictator〉는 TV게임 쇼 〈누가 백만장자가 되고 싶어 하는가?Who Wants to be a Millionaire〉를 일부 모방한 인형극이다. 〈최고의 악당〉 제작자인 '자밀'(가명)의 또 다른 쇼 〈백만 명 죽이기To Kill a Million〉의 진행자는 이전 경쟁자들이 반정부 시위에서 죽인 사망자 수를 격앙조로 말했다. "호스니 무바라크는 3천 명의 사망자를 냈습니다!… 카다피는 2만 명의 사망자를 냈고요!… 그리고 오늘… 우리의 또 다른 경쟁자는 바사르 알 아사드입니다!! (경쾌한 팡파르가 울린다) 우리는 그가 백만 명을 죽일 것이라고 기대합니다!!!"

그 당시에는 누구도 이 풍자가 현실로 다가올 것이라고 예상하지 못했다. 시리아인들은 이 쇼가 어두운 유머를 보여줌에도 불구하고, 도리어 이 때문에 그 시리즈를 온라인에서 즐겨 보았다. 쇼의 제작자인 '자밀'은 이 쇼가 "두려움의 벽을 부순다"고 말했다. 어떤 경우든지 그는 "조금 웃음을 줄 뿐이다"라고 덧붙였다.

2013년, 반군이 장악한 알레포 도시 인근의 만비즈 마을에서 인형극 〈최고의 악당〉이 상연되었다. 아사드의 군대는 그 쇼가 만비즈에서 막 상연될 쯤에 마을을 폭격했다. 공격 타이밍은 의도된 것 같았다. 하지만 인형극은 시리아에 몰아친 맹렬한 소용돌이 속에서도 하나의 안식처가 된다는 평가를 받으며 계속 이어졌다.

새로운 에피소드 〈최고의 악당: 재장전Top Goon: Reloaded〉은 세계 정치인들이 이미 벌어진 인도주의적 참사에 제대로 대응하지 못한다는 이야기를 담고 있다. 꼭두각시 인형들은 모든 정치인들이 듣고 싶어 하지 않는 진실을 이야기한다.

▲ <최고의 악당>에
사용된 꼭두각시
인형들.

◀ 아사드를 연기한
최고의 악당
'비슈Beeshu' 인형.

당나귀 머리

옛 소비에트 공화국인 아제르바이잔에서는 인권운동가들이 자국의 상황을 공개적으로 밝혔다는 이유로 괴롭힘을 당하거나 체포당했다. 심지어 부패에 대해 말하는 것도 형사상 범죄가 되었다. 그런 '터무니없는asinine' 탄압에 맞서는 것은 불가능해 보였다. 하지만 '터무니없는'이라는 말은 곧 주목할 단어가 되었다.* 2009년, 반정부적인 블로거들은 당나귀 한 마리를 귀빈으로 모셔놓고 가짜 기자회견을 열었다.

당나귀 머리는 공손히 고개를 끄덕이는 기자들에게 "만약 당신이 충실한 당나귀라면(만약 당신이 터무니없는 사람이라면-역자), 당신은 아마 아제르바이잔에서 모든 일에 성공할 수 있을 겁니다. 그래서 나는 아제르바이잔에서 이전보다 더 당나귀처럼 되도록 노력할 겁니다"라고 말하였다.

당나귀가 인정한 유일한 한 가지 문제는 아제르바이잔 정부가 시민사회의 목소리를 침묵시키기로 결정한 듯 보였다는 점이었다(당나귀는 자신처럼 선한 동물들의 목소리도 정부가 침묵시키려 한다고 넌지시 말했다). 당나귀는 "앞으로 나는 어떤 사회활동도 할 수 없을 것 같습니다"라는 슬픈 말로 기자회견을 마쳤다.

당나귀의 터무니없는 말을 주의 깊게 듣던 리포터들까지 찍힌 이 기자회견 동영상은 입소문을 타고 유명해졌다. 기자회견을 기획하고 촬영한 사람들은 체포되었다. 그러나 당나귀를 찍은 블로거이자 양심수인 아드난 하지자드Adnan Hajizada와 에민 밀리Emin Milli는 석방 이후에도 자신들의 행동을 부끄러워하지 않았다. 밀리는 "16개월 동안의 감옥생활은 나를 강하게 만들었다. 그리고 내가 싸움을 통해 쟁취하려는 이상이 매우 강력한 것이라고 믿게 만들었다. 왜냐하면 그 이상이 그렇게 강하지 않았다면, 나는 감옥에 갇히지 않았을 것이기 때문이다"라고 말하였다.

'독재정권은 억압을, 노예 상태를, 학대를 조장한다. 그러나 더 끔찍한 것은 독재정권이 어리석음을 조장한다는 사실에 있다.'

호르헤 루이스 보르헤스Jorge Luis Borges

거짓말이 진실을 드러낸다

'나는 가능한 한 적게 지불하기 위해 싸울 것이다.'

도날드 트럼프Donald Trump

세계 각국의 부자들과 기업들은 많은 세금을 내지 않기 위해, 혹은 그 어떤 세금도 내지 않기 위해 노력한다. 당연히 많은 사람들은 부유한 사람들이 일반 시민들보다 세금을 덜 내는 합법적인 방법을 찾을 수 있다는 것에 불만스러워한다.

2010년, 제너럴 일렉트릭General Elecrtic사는 전 세계적으로 140억 달러의 수익을 냈다고 발표했다. 그 수익의 3분의 1 이상이 미국

에서 추진한 사업들로부터 나왔다. 하지만 『뉴욕타임스』는 다국적 거대 기업들이 미국에 거의 세금을 내지 않는다고 보도했다. 실제로 제너럴 일렉트릭사는 32억 달러의 세금 감면을 받은 것으로 조사됐다. 『뉴욕타임스』가 발표한 이런 제너럴 일렉트릭사의 '혁신적인 회계기법'은 사람들의 우려를 낳았지만, 기업회계는 아무것도 변하지 않았다.

하지만 그 이후 180도 전환이 일어났다. AP통신은 2011년에 제너럴 일렉트릭사가 입장을 바꿔 '환수 받은 세금 32억 달러를 전부 상환하겠다'는 뜻을 밝혔다고 보도했다. 일부에서는 이 소식을 매우 반겼다. 하지만 미국 주식시장이 급락했고, 제너럴 일렉트릭사의 주가도 내려갔다.

제너럴 일렉트릭사에게는 다행스럽게도 그들은 '빠르게 제정신을 차렸다.' 회사 대변인은 AP통신의 보도가 잘못되었다고 주장했다. 그들은 실제로 회사의 납세 절차를 바꿀 의향이 없다고 밝혔다. 그 결과, 제너럴 일렉트릭사의 주가는 다시 올라갔다. 모든 것이 정상으로 돌아갔다. AP통신 기사는 기업의 윤리적 행동을 촉구하는 시민단체 '예스맨Yes Men'과 기업 압력단체인 '택스 언컷 Tax Uncut'이 함께 작성한 거짓 보도자료에 기반해 작성된 것이었다. '예스맨'은 "때로는 진실을 폭로하기 위해 거짓말을 하는 경우가 있다"는 입장을 밝혔다.*

부유층이 재산에 부합하는 세금을 내는 것을 주저하는 문제와 부의 불평등 문제는 전 세계적으로 많은 관심을 받았다. 2011년 월가 점령시위와 스페인의 로스 인디그나도스('분노한 사람들'의 의미), 그리고 세계 전역에서 일어난 점거운동에서 시위자들은 특권을 지닌 1%가 아닌 '99%'를 위한 변화를 요구하였다.

2016년, '파나마 페이퍼스Panama Papers'로 알려진 수백만 장의 기

* 기업을 패러디해 비판하는 것으로 유명한 단체 '예스맨'과 '택스 언컷'은 제너럴 일렉트릭사의 명의를 도용해 '32억 달러의 세금환급분을 재무부에 반환하겠다'는 가짜 보도자료를 언론에 배포했다. AP통신은 가짜 보도자료에 속아 넘어가 이 뉴스를 타전했다가 황급히 취소했고, USA투데이 역시 이 보도자료를 토대로 뉴스를 만들어 인터넷판에 실었다가 곧바로 삭제했다. 이런 소동을 접한 네티즌들은 '아무리 합법적이더라도 미국의 어려운 상황을 감안했을 때 제너럴 일렉트릭사가 세급환급금을 정부에 돌려줘야 한다'는 목소리를 내며 대기업의 절세를 비판했다. (2011년 4월 14일 <연합뉴스> 기사 '절세의 달인 GE, 가짜 보도자료로 곤욕' 참고)

밀문서가 독일 신문사 쥐트도이체 차이퉁Süddeutsche Zeitung에 유출되어 국제탐사보도언론인협회International Consortium of Investigative Journalists의 조력하에 분석되었다. 이 문서는 이전 그 어떤 때보다 상세하게 세계 전역에서 이루어진 조세 도피 속임수를 폭로했다. 아이슬란드에서는 전체 인구의 15분의 1에 해당하는 사람들이 레이캬비크Reykjavik 거리에 모여 시위를 벌였는데, 이는 수백만 달러를 국외로 빼돌린 혐의로 기소된 총리가 사임할 때까지 이어졌다(총리는 계속 자신이 무죄라고 주장하였다).

기업과 부유층을 겨냥한 조세 개혁 압박은 계속 증가하고 있다. 2016년에는 '제너럴 일렉트릭사, 보스톤에서 세금을 내다'라는 솔깃한 헤드라인이 발표됐다. 하지만 그 이야기는 만우절 거짓말로 밝혀졌다. 그러나 누가 알겠는가. 기업과 부유층을 겨냥한 조세 개혁 압박이 계속 강해져서 만우절의 거짓말이 세계 여러 곳에서 현실이 될 수 있을지 말이다.

플라스틱 오리와 역사

'권력에 대항하는 인간의 투쟁은 망각에 대항하는 기억의 투쟁이다.'

밀란 쿤데라Milan Kundera

중국군과 치안부대가 기본권을 요구한 수백 명의 평화시위자들을 학살한 1989년 6월 4일의 천안문 광장 대학살 사건이 중국에서 잊혀진 지 오래라는 주장이 종종 제기되어왔다. 중국 당국은 공식적으로 천안문 사건을 학살로 규정하는 것을 부인했으며, 그 사건이 오늘날 관심받을 필요가 없다고 주장하였다. 그러면서도 그들은 '천안문 광장 대학살'뿐만 아니라 '기념일', '6월 4일', '1989년'이라는 단어 검색을 금지했다. 하지만 피의 기념일에 대해 계속 얘기하길 원하는 사람들은 일종의 속임수라고 할 수 있는 비장의 최신 기술(사진 합성 기술-역자)을 갖고 있었다.

중국에서 가장 금기시되는 유명한 사진 중 하나는, 천안문 광장 주변에 있는 탱크 행렬 앞에 아무런 무기 없이 그저 쇼핑백만을 들고 용감하게 서 있는 남자 사진이다. 2013년 6월에 천안문 광장 사건 기념일을 앞두고 네 개의 노란 플라스틱 오리들이 그 남자 사진에 합성되었다. 아이들의 목욕용 장난감에 의해 탱크가 사진에서 지워졌는데, 이 때문에 탱크는 더욱 강조되었고 사람들은 그날의 일을 다시 떠올렸다. 진실을 추구하는 사람들은 이 하나의 행동만으로 정부의 검열을 조롱했고, 그들의 은폐 조작에 도전했다.

'#큰노란오리'라는 해시태그는 거슬리는 정부의 검열을 피하

2013년 6월 중국.
운동가들은 유명한
천안문 광장 사진을
플라스틱 오리로
재현하였다.

면서 천안문 광장 사건을 말할 수 있는 하나의 방법이 되었다. '큰 노란 오리'는 중국 SNS 웨이보Weibo에서 가장 인기 있는 검색어가 되었는데, 이후 중국 정부는 '관련 법령 및 규정'을 들며 그 단어의 검색 결과를 보지 못하게 하였고, 결국 웨이보 검색엔진에서 그 단어의 검색은 차단되었다.

그러나 작은 승리가 이루어졌다는 것만은 분명한 사실이었다. 한 트위터 사용자는 '중국 네티즌 대 중국 검열관의 스코어가 1 대 0'이라고 적었다. 살해된 중국 시민 수백 명을 추모하는 기념행사는 금지될 수 있어도 중국 시민 모두의 목소리를 완전히 억누를 수는 없었다.

나가는 말

'그들은 비현실적이다… 이런 작은 먹구름이 끼어 있다는 것이 안타까운 일일 수 있지만, 그것이 인생이다.'

찰스 포웰Charles Powell, 마가렛 대처 전 영국 수상의 고문

우리는 누가, 언제, 그리고 어떤 일이 성공할 수 있는가에 대해서는 잘 알지 못한다. 하지만 일부 사람들이 부당한 사태를, 특히 사람들이 부당한 대우를 받을 이유가 없는 그런 사태를 얼마나 빨리 정당화하는지에 대해서는 잘 알고 있다. 2014년 홍콩시위와 관련하여 인용한 포웰 고문의 위와 같은 언급은 시위자들이 '작은 먹구름'—홍콩의 경우 자유투표의 부재—을 걱정하지 않아도 된다는 의미만을 담고 있는 것이 아니다. [우산혁명을 이끈 일부 사람들은 위와 같은 포웰 경의 언급에 담긴 시위의 무용성 논의에 개의치 않았다. 2016년 치러진 홍콩 입법회 의원 선거('국회의원 선거' 격-역자)에서 당선된 그들은 개회 첫날 선서 과정에서 중국에 대한 충성 선언에 저항하거나 도리어 조롱하는 연설을 했다. 우산혁명의 학생 지도자이자 홍콩 입법회 의원으로 당선된 네이선 로Nathan Law는 "나를 사슬로 묶고, 고문하고, 심지어 내 육신을 파괴할 수 있어도 나의 정신만은 절대 구속할 수 없다"라는 간디의 말을 인용했다.]

포웰의 이런 경멸적 분석이 장기적으로 봤을 때 옳았는지 틀렸는지 하는 문제와는 별도로, 여전히 여러 방면에서 들리는 '그들이 얼마나 비현실적인지 봐라!'라는 어구는 시위 결과에 영향을 미친

2016년 3월 벨기에 브뤼셀. 더 나은 미래를 믿으며 증오의 정치에 대항하는 사람들.

다. 변화를 믿는 사람이 적을수록 변화는 잘 일어나지 않는다. '시작하는 말'에서 언급한 이집트의 운동가 아스마 마흐푸즈가 페이스북에 올린 영상에서 말한 것처럼, 타인의 용기에 찬물을 끼얹는 사람은 자신의 행동(즉, 행동하지 않는 행동)이 미치는 영향에 대한 책임 또한 져야 한다. 마흐푸즈는 직설적으로 "당신이 문제다"라고 말하였다.

변화는 대개 많은 이유에서 비관주의가 따르는 느리고 더딘 과정이다. 하지만 역사가 반복적으로 보여주었듯이, 안락한 외부인이 '작은 먹구름'이라고 본 것을 제거하려는 '비현실적인' 사람들의 행동이 결국 변화를 불러온다. 이 페이지에 실린 사진이 우리에게 상기시키듯이, 증오의 정치 역시 승리를 용납하지 않는 것에 대항하는 사람들에게 가로막힐 수 있다.

세계 각국에서 벌어진 다양한 형태의 시위들—박수치지 않기, 샌드위치 먹기, 살인자 및 살인 정권에 대한 풍자, 당나귀 기자회견, 빨간 모자를 쓴 난쟁이, 노란 플라스틱 오리 등—은 상상할 수 있는 것보다 훨씬 더 많은 변화를 가져온다.

창의적인 익살 때문에 종종 곤경에 빠지곤 했던 아이 웨이웨이는 우리에게 다음과 같은 질문을 던졌다. "어느 날 당신 주변의 혐오스러운 세상이 무너져 내렸고, 그런 변화가 당신의 태도와 말, 행동 때문에 일어났다고 상상해봐라. 흥분되지 않겠는가?"

앞으로 벌어질 일들은 모두 우리에게 달려 있다.

....

  스티브 크로셔의 *Street Spirit: The Power of Protests and Mischief*를 번역한 이 책『거리 민주주의: 시위와 조롱의 힘』은 세계 전역에서 일어난 50여 개의 시위 현장 모습을 7가지 주제로 묶어 소개하고 있다. 특히 각 시위 현장의 모습을 담은 79개의 사진은 독자들이 짤막한 글만으로는 그려보기 힘든 사람들의 '변화를 위한 창의적인 행동'을 생생하게 볼 수 있게 해준다. 또한 오랜 세월 인권운동가로 활동한 저자는 언론인으로서의 경력을 살려 시위 정황을 차분히 정리하면서도 이야기가 지나치게 경직되지 않도록 자신의 경험과 의견을 적절히 녹여내고 있다. 독자들은 크로셔의『거리 민주주의』을 통해 '시위'라는 용어를 들었을 때 그간 자신이 얼마나 정형화된 모습만을 떠올렸는지, 그리고 변화를 위한 행동이 얼마나 넓은 스펙트럼을 가질 수 있는 것인지를 깨닫게 될 것이다. 저자의 말처럼 변화는 '많은 이유에서 비관주의가 따르는 느리고 더딘 과정'일 수 있지만, '역사가 한 번은 비극으로, 또 한 번은 희극으로' 반복되지 않기 위해서는 이런 비관주의에서 벗어나는 변혁의 순간이 반드시 필요하다.

어둠은 빛을 이길 수 없다. 거짓은 참을 이길 수 없다.
진실은 침몰하지 않는다. 우리는 포기하지 않는다.
세월호 추모곡 <진실은 침몰하지 않는다>의 노랫말

이 책에 실려야 할 시위가 얼마 전 한국에서 일어났다. 2016년 10월 29일부터 2017년 3월 10일까지 133일에 걸쳐 매주 토요일 개최된 20여 차례의 촛불집회가 바로 그것이다. 최대 232만 명, 연인원 1,600만 명을 기록한 이 대규모 시위는 언론사들이 폭로한 박근혜 정권의 부정의혹, 특히 JTBC의 태블릿 PC 보도에서 밝혀진 최순실의 국정농단 사태에 분노한 시민들에 의해 처음 시작되었다. 국민이 투표로 뽑지 않은 비선실세가 좌지우지하는 꼭두각시 정권에 대한 당혹감이 그간 일부 언론사들의 의혹 제기에 그쳤던 비리들(미르 및 K스포츠재단의 모금 비리와 최순실 딸 정유라의 대학 입학 및 학사 관리 부정 문제 등)과 맞물리면서 시민들의 분노는 걷잡을 수 없이 커졌다. 박근혜 '퇴진', '탄핵', '하야', '구속' 등의 구호가 전국을 뒤흔들었다.

2,300여 개의 시민단체들이 모여 박근혜 퇴진을 목표로 한 연대체를 구성했다. 하지만 국회의 탄핵소추안 가결과 특검 수사의 가동, 헌재의 민의에 따른 탄핵 인용까지 이어질 수 있었던 것은 일반 시민들의 자발적인 집회 참여와 창의적인 운영이 있었기에 가능했다. 또한 촛불시민들은 박근혜 퇴진 및 정권 교체만을 요구하는 데에 그치지 않고 한국사회의 제반 문제들(세월호 진상규명, 검찰개혁, 언론개혁, 재벌개혁, 정경유착 및 사회적 양극화 해소 등)에 대한 본질적 비판과 대안 요구까지 나아갔다. '적폐 청산'이라는 구호가 이를 가장 명징하게 보여준다고 할 수 있다.

일각에서는 이를 두고 촛불시민이 새로운 민주공화국에 대한 고민과 구상으로까지 나아갔고, 그 요구를 담을 새로운 그릇, 새로운 정치체의 구성이 필요하다고 주장하기도 했다. 단순히 정권 교체에만 그치는 것이 아니라 직접 민주주의를 실현할 수 있는,

2016년 11월 12일 서울 광화문. 1987년 6월항쟁 이후 최대 규모인 100만 시민군중이 광화문에 모여 촛불을 들었다. 촛불을 든 시민들은 한 목소리로 '박근혜 퇴진!'을 외쳤다. 12월 3일 집회에는 대한민국 역사상 최대 규모인 200만 시민군중이 모여 국회가 박근혜 탄핵소추안을 가결시키도록 압박했다.

[사진 출처] 『노동과 세계』갤러리, ⓒ 사진공동취재단

그리고 사회경제적 불평등의 근본적 원인을 뿌리 뽑을 수 있는 방법을 모색해보자는 요구였다. 대한민국의 촛불이 시위에서 항쟁으로, 항쟁에서 혁명으로 나아가는 기로에 서 있었다.

혁명은 다 익어 떨어지는 사과가 아니다. 우리가 그것을 떨어지게 만들어야 한다.

체 게바라Che Guevara

박근혜와 그 부역자들이 구속되고 조기대선으로 정권이 교체되었다. 벅찬 가슴과 뜨거운 눈물로 헌재의 탄핵 결정을 지켜본 2017년 3월 10일 이후에도 촛불은 세 차례 더 타올랐다. 부패하고 반민주적인 정권을 시민의 힘으로 종식시키며 달성한 '시위에서 항쟁으로의 이런 도약'은 사람들의 가슴 속에 자긍심을 불어넣어 주었지만, 동시에 우리 가슴 속에 아직 활활 타오르지 않은 하나의 촛불이 존재한다는 사실을 깨닫게 해주었다. 그 촛불은 바로 '항쟁에서 혁명으로의 도약'이란 촛불이다.

어쩌면 혁명으로의 도약은 지금까지 촛불시민들이 걸어왔던 여

▲ '박근혜 퇴진' 외에 제기된 촛불시민들의 요구들. 재벌이나 검찰 개혁, 보수정당 해체 등 한국사회의 적폐 청산을 요구하였다.

[사진 출처] 『노동과 세계』 기사에서 발췌하여 재구성, ⓒ 민주노총

정보다 험하고 지난할 수 있다. 아니 분명 그럴 것이다. 대의제의 한계를 넘어선 광장의 정치 실현, 경제적 불평등의 완화가 아닌 완전 철폐, 비정상이 아닌 정상으로 두둔되는 기존 질서와의 결별 등은 촛불시민들이 요구했지만 그들도 가보지 않은, 더 정확하게 말해 완전히 새로운 길을 내는 일에 다름 아니기 때문이다.

잘 닦아진 길을 가는 것보다 그렇지 않은 길을 가는 것이 힘들고, 있는 길을 가는 것보다 새롭게 길을 내는 것이 분명 더 고되지만 그만큼 의미를 갖는다. 우리의 투표로 정권이 교체되었다. 하지만 촛불시민들에게는, 우리에게는 아직 가보지 않은 길과 필요하지만 내지 않은 길이 너무나 많다는 진실을 절대 잊어서는 안 될 것이다. 혁명의 불씨는 아직… 우리에게 남아 있다!

『계급 이해하기』라는 학술서에 이어 이 책의 번역을 통해 더 많은 대중과 소통할 수 있게 해준 산지니 출판사에 진심으로 감사드린다. 그리고 언제나 편안한 마음으로 작업할 수 있게 배려해주시는 정선재, 윤은미 편집자님께도 감사드린다. 마지막으로 교육학부터 마르크스 역사과학까지 공부하는 긴 과정 동안 부족한 역자를 따끔한 조언과 따뜻한 격려로 이끌어준 영원한 선배, 고려대학교 강성훈 박사에게 이 자리를 빌려 진심으로 감사의 마음을 전한다.

2017년 6월
문혜림

참고문헌

Ackerman, Peter, and Duvall, Jack, *A Force More Powerful: A Century of Nonviolent Conflict*. New York: Palgrave, 2000.

Banerjee, Mukulika, *The Pathan Unarmed*. Oxford: Oxford University Press, 2000.

De Bollardière, Jacques Pâris, *Bataille d'Alger, bataille de l'homme*. Paris: Desclée De Brouwer, 1972.

Chenoweth, Erica, and Stephan, Maria, *Why Civil Resistance Works: The Strategic Logic of Nonviolent Conflict*. New York: Columbia University Press, 2011.

Crawshaw, Steve, and Jackson, John, *Small Acts of Resistance: How Courage, Tenacity and Ingenuity Can Change the World*. New York: Sterling, 2010.

Easwaran, Eknath, *Nonviolent Soldier of Islam*. Tomales: Nilgiri Press, 1999.

Fenton, James, *The Snap Revolution*. Cambridge: Granta, 1986.

Fisher, Jo, *Mothers of the Disappeared*. London: Zed Books, 1989.

Freeman, Cathy, *Cathy: My Autobiography*. Sydney: Viking, 2003.

Fydrych, Waldemar (ed. Gavin Grindon), *Lives of the Orange Men: A Biographical History of the Polish Orange Alternative Movement*. Wivenhoe: Minor Compositions, 2014.

Gertten, Fredrik (dir.), *Big Boys Gone Bananas!**, 2012.

Gessen, Masha, *Words Will Break Cement: The Passion of Pussy Riot*. London: Granta, 2014.

Halasa, Malu, Omareeen, Zaher, and Mahfoud, Nawara, *Syria Speaks: Art and Culture from the Frontline*. London: Saqi Books, 2014.

Halberstam, David, *The Children*. New York: Random House, 1998.

Harding, Luke, *The Snowden Files*. London: Guardian Books, 2014.

Havel, Václav, *Living in Truth*. London: Faber & Faber, 1987.

Lewis, John, *Walking With the Wind: A Memoir of the Movement*. New York: Simon & Schuster, 1998.

Michnik, Adam, *Letters from Prison and Other Essays*. Berkeley, California: University of California Press, 1985.

Poitras, Laura (dir.), *Citizenfour*, 2014.

Popović, Srdja, and Miller, Matthew, *Blueprint for Revolution*. London: Scribe Books, 2015.

Roberts, Adam, and Garton Ash, Timothy (eds.), *Civil Resistance and Power Politics: The Experience of Non-violent Action From Gandhi to the Present*. Oxford: Oxford University Press, 2009.

Sharp, Gene, *From Dictatorship to Democracy*. London: Serpent's Tail, 2011.

Simpson, John, and Bennett, Jana, *The Disappeared and the Mothers of the Plaza*. New York: St Martin's Press, 1985.

Soueif, Ahdaf, *Cairo: Memoir of a City Transformed*. London: Bloomsbury, 2014.

사진출처

120 (left) © Fethi Belaid / AFP / Getty Images; page 120 (right) © Raqqa Media Center / AP / PA Images; pages 123-124 © courtesy of Amnesty International

Chapter Six
Page 126 © Reuters / Trend Photo Agency / Handout; page 129 © David Reed / Alamy; page 131 © Museo Nacional Centro de Arte Reina Sofia; page 134 © Denis Sinyakov / Reuters; page 135 © Mikhail Metzel / AP / PA Images; page 137 © Kaveh Kazemi / Getty Images; page 138 © courtesy of New Wave Films; page 141 © courtesy of Ali Ferzat; pages 142-143 © courtesy of Saks Afridi and www.notabugsplat. com; page 145 © courtesy of INSTAR and Yo Tambien Exijo Platform; page 146 © courtesy of INSTAR and Yo Tambien Exijo Platform; page 149 (top) © Massoud Hossaini /

AP / PA Images; page 149 (bottom) © Shah Marai / AFP / Getty Images

Chapter Seven
Page 152 © Fabian Bimmer / AP / PA Images; page 155 © Andrei Kasprishin / Reuters; page 156 © Andrei Kasprishin / Reuters; page 159 (top) © Masasit Mati; page 159 (bottom) © Masasit Mati; page 160 © still courtesy of the video's author, Adnan Hajizada; page 162 © Sean Gallup / Getty Images; page 166 (top) © weibo.com/ weiblog; page 166 (bottom) © Jeff Widener / AP / PA Images

In Conclusion
Page 169 © Kenzo Tribouillard / AFP / Getty Images

찾아보기

그 외